大学院教育改革を目指した
リーディングプログラム

産業界をリードする大学院生の育成

河北哲郎・酒井俊彦　編著

大阪府立大学・大阪市立大学博士課程教育リーディングプログラム
「システム発想型物質科学リーダー養成学位プログラム」編

大阪公立大学共同出版会

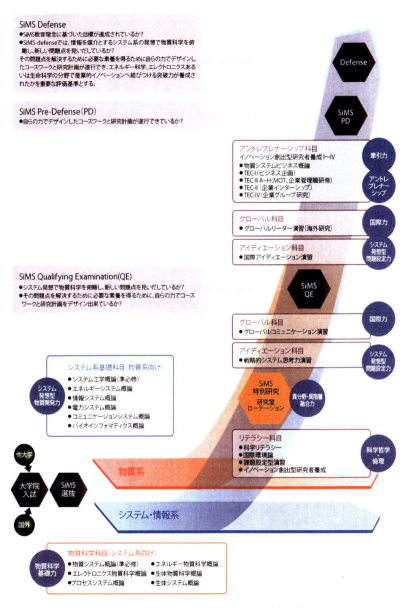

口絵1 リーディングプログラム育成全体図

口絵2　リーディング大学院1期生入学時集合写真

口絵3　ビジネス・コンペでの受賞

口絵4　1期生（工学域）学位記授与式後、辻学長と
（枠内：理学域、大阪市立大学卒業生）

目次

はじめに …………………………………………………………………………… 1

第1章　リーディング大学院履修生の巣立ち ………………… 2

第2章　リーディング大学院とは ………………………………… 5

2.1　大学院改革の課題　6

2.2　我々が目指す博士人材　9

2.3　リーディング大学院での博士人材の養成　11

Column 1　SiMSプログラムの採択と成果の輩出　13

第3章　リーディング大学院採択からカリキュラム編成へ ………… 14

3.1　リーディングプログラムの採択　14

3.2　学域を超えた連携、海外との連携、企業との連携　18

3.3　選考試験と対象となる学生への広報活動　20

3.3.1　選考試験　20

3.3.2　留学生募集　23

3.3.3　対象となる学生への広報活動　24

3.4　学内組織と学生指導体制　33

3.5　履修生に付与される特典　35

3.6　ホームページなどの広報活動　37

Column 2　SiMSを振り返って　42

第4章　プログラム開始から教育内容定着へ ………………………… 43

4.1　1期生の選考　43

4.2　プログラムの開始と5年一貫のプログラムの節目　45

4.3　優れたサポートシステムによる教育内容定着へ　51

i

4.3.1 メンタリングによるキャリア形成　52

4.3.2 履修生自らのコースワークによるキャリアデザイン構築　55

4.3.3 予算管理能力の指導　58

4.4 5年一貫プログラムの出口へのサポート　63

Column 3 SiMSが変えたもの、変えていくこと　66

第5章　特徴的なカリキュラム　67

5.1 科学リテラシー　68

5.2 イノベーション創出型研究者養成　71

5.3 物質系・システム系学生への異分野教育
（インターディシプリナリー科目群）　72

5.4 SiMS特別研究（研究室ローテーション）　75

5.5 戦略的システム思考力演習　77

5.6 グローバルコミュニケーション演習　80

5.7 グローバルリーダー演習（海外留学）　81

5.8 物質システムビジネス概論　83

5.9 課題設定型演習　85

5.10 博士後期課程での科目再編とカリキュラム外の演習　89

5.11 自主共同研究　92

5.12 留学生向け英語対応カリキュラム　95

Column 4 社会に変革をもたらすイノベーション人材へ　98

第6章　アントレプレナーシップ教育との連携　99

6.1 Fledgeプログラムとの連携　99

6.2 イノベーション創出型研究者養成講座　102

6.2.1 ビジネス企画特別演習（TEC-Ⅰ）　102

6.2.2 産学連携特別演習（TEC-Ⅱ）　104

6.2.3 企業研究特別演習（TEC-Ⅲ）　105

6.2.4 研究リーダー養成特別演習（TEC-Ⅳ）　106

6.3 海外研修 107

  6.3.1 米国のブラウン大学でのアイディエーション・ワークショップ 108

  6.3.2 ニューメキシコ大学でのビジネスプラン演習 108

  6.3.3 米国西海岸ツアー（2014年度） 110

  6.3.4 米国西海岸ツアー（2015年度） 111

  6.3.5 シンガポールツアー（2015年度） 112

  6.3.6 グローバル拠点とのアイディエーション 114

6.4 テックソン（Tech-thon） 114

Column 5 ことづくり人材をどうやって育成するか？ 118

第7章 リーディングプログラムの成果 ……………………………… 120

7.1 自主共同研究の活性化 120

  7.1.1 履修生の自発的な自主共同研究の実績 120

  7.1.2 自主共同研究費の有効活用 123

7.2 留学生受け入れとグローバル化への対応 124

  7.2.1 留学生の受け入れ 124

  7.2.2 英語コミュニケーションの能力向上 124

  7.2.3 海外大学との交流 126

7.3 学内外でのアイディアコンテスト 128

7.4 他大学・他リーディングプログラムとの交流 132

  7.4.1 他大学との交流 132

  7.4.2 博士課程教育リーディングプログラムフォーラム 134

7.5 産業界との接点の拡充 137

  7.5.1 インタラクティブ・マッチング 137

  7.5.2 企業フォーラム 139

  7.5.3 インターンシップ 142

  7.5.4 研究者交流会 143

7.6 就職活動とその出口 146

Column 6 SiMS履修生たちの挑戦と成長 148

第8章　ドクター育成への手応え ……………………………………… 149

　8.1　学内の理解度／学長のバックアップ　149

　8.2　カリキュラムの定常化　150

　8.3　海外留学における成長　151

　8.4　日本学術振興会特別研究員への挑戦　154

　8.5　アンケートから見るプログラムへの手応え　155

　　8.5.1　履修生から見たプログラム評価（アンケート調査）　155

　　8.5.2　企業からのプログラム評価（アンケート調査）　160

　　8.5.3　第三者評価（プログラムオフィサーからの意見）　165

　【卒業生からのメッセージ】　167

第9章　今後の大学院教育への展開 …………………………………… 173

おわりに ……………………………………………………………………… 175

巻末付録 ……………………………………………………………………… 177

はじめに

　高度経済成長期からバブル経済期にかけての若年層人口および進学率の増加により、大学で学ぶ学生数が増えました。その中で理工系の博士人材の大半は教育機関で研究職に就き、また産業界は「博士人材は専門性には優れているが、分野を替える柔軟性に欠けるので採用を控えたい」「学士人材・修士人材を自社のOJT教育、OFFJT教育で育てたい」という姿勢でした。

　ところが、少子高齢化時代を迎え、教育機関の研究職ポストは減少しています。また、アジアを中心とした開発途上国の台頭により、企業間競争が激化し産業界の社内教育の余裕もなくなりつつあります。

　このような背景に加え、Society5.0と呼ばれる未来社会を想定すると、従来とは異なる博士人材が求められます。専門分野を深めながらその専門を多様な分野に適用する能力や、多様な分野の専門家と協創し従来考えられなかったイノベーションによって持続型社会を実現する能力を持ち、さらにグローバルリーダーシップを発揮できる人材の育成が急務となっています。このような博士人材をどのように育成するかが、研究型大学にとっては大きな課題です。

　大阪府立大学・大阪市立大学は、このような認識をもとにデザインしたグローバル研究リーダーの育成プログラム「システム発想型物質科学リーダー養成学位プログラム」(SiMS)を文部科学省に提案したところ、推進拠点として選定され、巨額の支援を受けることができました。私たちのプログラムは「産業界を牽引できる博士研究リーダー」の育成に特化し、「大学・部局を超えた組織」として体制を確立した点を特色としています。

　本書は、このプログラム設計の背景、プログラムの内容、実施後の効果、実際に育成した事例などを細かく記録したものです。ここで得られた知見をこのプログラムだけに留めず、両大学さらには全国の研究型大学の理工系部局の教育プログラムに反映することを期してやみません。

　2018年8月

大阪府立大学　学長　辻　　洋
大阪市立大学　学長　荒川哲男

第1章

リーディング大学院履修生の巣立ち

　2018年3月24日はリーディング大学院関係者にとって、感慨深く晴れやかな日となった。文部科学省による博士課程教育リーディングプログラムに2013年度に採択されスタートした、大阪府立大学と大阪市立大学の協同プロジェクト「システム発想型物質科学リーダー養成学位プログラム」（本書ではSiMS、本プログラムと表記）に1期生として入学してきた学生20名のうち、7名が学位記授与式を迎え、いよいよ卒業して巣立っていく日である。学位記授与式では、リーディングプログラム修了と付記された学位記を授与された学生は、特に優秀な学生として紹介され、ひとりずつ学長より学位記を受け取り（口絵4）、7名のうち4名は民間企業や国立の研究開発機構に進み、2名はアカデミアの道を歩み始めた（1名は早期修了者で大学に研究者として残りながら就職先を見つける予定）。社会人としての一歩を歩み始めた学生諸君には、大学院で学びリーディング大学院で吸収したことをいよいよこれから発揮してほしい。

　2014年に1期生を迎えた時、教員もメンターも大いに張り切り（口絵2）、張り切り過ぎて、少しでも多くの教育をとの思いから、たくさんの講義や演習をカリキュラムとして組んだり、企業幹部出身者のメンターも、当初は5名体制で履修生21名をかなりの密度で指導していた。また履修生もそれぞれの専門課程での講義と研究にプラスして、異分野の講義、「科学リテラシー」「戦略的システム思考力演習」、英会話教室など

2

で、土曜日も講義に出てくる場合も多くあった。その上、研究室ローテーションでは専門分野の異なる研究室に3ヶ月間出向くなど、相当きついスケジュールをこなしていただけに、「もう少し時間を調整して、土曜日の講義は夏休みに集中講義にするなどして、時間的余裕がほしい」といった声も出たほどである。

　リーディング大学院に対しては、学修奨励金（奨励金）が支給されることや、国際会議への参加費用、3ヶ月間の留学費用の支給などに魅力を持って、選考試験を合格した学生が多く入ってきた。1年、2年とリーディング大学院に在籍すると、異分野の学生との交流や大学外での活動などへの関心も大きくなり、リーディング大学院の多面的な魅力に気付くようになっていく。研究室ローテーションは、わずか3ヶ月間とはいえ、違う専門分野の研究室に行き、いつもと違う教員から指導を受けることで、日頃の姿勢や考え方がずいぶんしっかりした履修生もいる。また学外でのビジネス・コンペティションに仲間と出場して優秀賞を受賞する履修生たちも出てきて（口絵3）、リーディング大学院に関与している教員、メンターを喜ばせたこともあった。1期生、2期生が順次博士後期課程に進学すると、自分の研究で結果を出すこと、論文を出すことが大きな比重を占めるようになる。3ヶ月間の海外留学（グローバル科目群）に出かけるため、スケジュール調整が大変な履修生も少なくなかったが、海外留学では、さまざまな国の留学生との考え方の違いに気付いたり、コミュニケーションにおいて積極性が増したと自覚する履修生も多かった。

　しかし何と言っても、履修生の卒業後の進路が決まっていくことが、関係者にとって最も喜ばしいことである。少しでも就職活動を支援できるよう、早めに希望の会社にインターンシップに行き、企業で働くことを実感してほしいと勧めたり、面接の前には心構えなどの指導も行った。昨年（2017年）春には、就職活動の結果を期待して待っていると、

「A社に内定をもらいました」という報告を聞き、本当にうれしくホッとした。またインターンシップが契機となって就職が決まる履修生もいた。企業で活躍する学生を育成することを主な目標としているプログラムではあるが、「B大学にポスドクのポストが決まりました。リーディング大学院のプログラムで海外留学に行ったことが契機になって採用されました。自分でやりたい研究が続けられそうです」という話が聞けたことも同じようにうれしいことであった。

　自分の実力を試してみたいとか、博士後期課程まで進学するかを悩んでいた学生がリーディング大学院に入学し、異分野の教員や、企業出身のメンター等から多くの支援を受け、5年あるいは4年間（博士前期課程2年で入学した学生は4年間）で自分の研究以外の指導も受け、いよいよ企業やアカデミアなど、実社会での活動が始まる。本プログラムの目的である、「グローバルに通用するイノベーションを起こすリーダー」として育ってくれたかどうかは、これからの彼らの社会での活動で決まると考えると、大きな期待が膨らむ。

　本書は、リーディング大学院卒業生の今後の活躍に期待しながら、「システム発想型物質科学リーダー養成学位プログラム」をどのように始めたか、履修生への教育をどのように準備し実施してきたかを具体的に記載したものである。

第2章

リーディング大学院とは

　今日、グローバル化、情報化の進展は著しく、優れたイノベーションが産業、社会の進展を牽引している。一方、専門分野の細分化も進んでおり、昨今の環境、エネルギー問題など、重要かつ複雑な課題に必要となる、システム全体を捉えることが難しくなってきている。このような背景にあって、俯瞰力と独創力を備え広く産学官にわたりグローバルに活躍できるリーダーを養成するプログラムとして、文部科学省が2011年度から博士課程教育リーディングプログラム（略称：リーディング大学院）をスタートさせた。このプログラムは博士前期課程、博士後期課程を5年一貫として捉え、世界に通用する質の保証された学位プログラムの構築推進を目的とするものである。

　文部科学省は、このプログラムを支援するにあたり、以下の要件を満たすことを必要としている。

（1）国際的に卓越した教育研究資源を土台に、明確な人材養成像に基づき、専門分野の枠を超えた大学院博士課程前期・後期を一貫とした学位プログラムである。

（2）国内外の優秀な学生が専門分野の枠を超えて切磋琢磨しながら、主体的・独創的に研究を実践するとともに、国内外の多様なセクターからの第一級の教員が密接に研究指導を行う魅力ある環境を提供する。

（３）優秀な学生を広く産学官にわたり活躍するリーダーへと導くため、解決すべき課題に基づき、産学官が企画段階から参画した国際性・実践性を備えた研究訓練を実施する。

（４）学長を中心とした責任あるマネジメント体制のもと、大学の中長期的な改革構想に基づき、文部科学省のプログラム終了後も、世界を牽引するリーダーを養成する学位プログラムが発展的・継続的に運営される。

　これらの要件を満たした申請の中から選ばれた大学院に対し、学生への奨励金の支援、異分野との交流や、将来のリーダーへの資質育成を目的とした、海外留学などのカリキュラムへの支援を行うものである。

2.1　大学院改革の課題

　産業界でイノベーションを起こすことができる博士人材の育成、グローバルなリーダーに育つ人材の育成、アントレプレナーシップ（起業家精神）を持った人材の育成など、博士人材を育成する大学院教育には本来の研究以外にも多くの期待が寄せられているが、なかなか産業界の期待を満足させるまでには至っておらず多くの課題を残している。大阪府立大学においても、数年前から学域の再編を含め大学院改革を進めているが、さらに改革を進めるためにこのプログラムを起爆剤の１つとしたい、という思いからプログラムへの参加を強く望むようになった。また近い将来に大阪市立大学との統合が予定されており、両大学共同でこのプログラムを申請し、認可されたものである。

　大学院の改革には、教育水準のさらなる向上、社会で活躍する人材の育成に加え、研究環境のさらなる向上を目指した、最先端の優れた研究の推進が求められる。そのためには、研究の担い手として、博士後期課

程に進学する優秀な学生を増やすことが重要な課題である。しかしながら優秀な学生には博士前期課程（修士）修了時に多くの企業からの勧誘があり就職することや、博士後期課程修了者の採用が国内の企業において従来少なかったことから、全国の大学院でのここ10年間の統計を見ると（図2-1）、博士前期課程への進学者はほぼ横ばいであるのに対して、博士後期課程への進学者は減少傾向にある。大阪府立大学では、博士後期課程進学者は実質学費負担を不要とする施策を行っている。この効果がどのくらいあるかを正確に調査できているわけではないが、博士

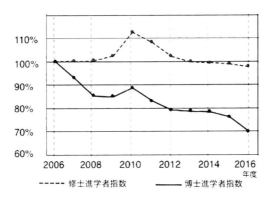

図2-1　全国の大学院進学者数の推移（2006年からの指数）

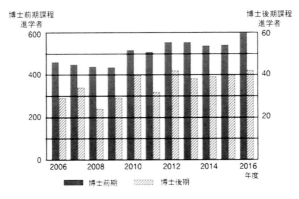

図2-2　大阪府立大学大学院進学者の推移

後期課程への進学者は、全国の数字のような減少は、起きていない（図2-2）。しかしながら博士後期課程への進学者の絶対数はまだまだ少ない状況にあり、本プログラムに参加することで博士後期課程進学者が増えることを期待した。

　学生が社会に出てから、アカデミアに進む場合でも企業で働く場合でも、どちらに進む場合であっても、グローバル化している世界での活躍を是非とも期待したい。そこで、学生一人ひとりが、狭い専門分野に留まることなく、異分野技術を取り込めるための幅広い知識と教養、さらには広い人脈を作っていけるためのオープンな感性を育てたい。そのためには、大学内のいろいろな分野の学生との横のつながりも促していく必要があり、また多くの企業が世界各地で活動している現状を考えれば、外国語のレベルアップはもちろんのこと、異文化への理解力も大変重要である。グローバルな感性を磨く学修機会を増やすには、いろいろな国からの優秀な留学生を大学に呼び込むことも重要な課題であると言える。大阪府立大学では2015年4月に国際交流会館を学内に建て、留学生の宿舎を提供するとともに日本人学生との交流の場を与えるなどの努力も行ってきた。留学生の数は2008年リーマンショック以降数年間は一時減少傾向となったが、ここ数年は増加して10年前の水準に戻っている（図2-3）。このプログラムを契機として、留学生を増やす努力をさらに進めていきたいと考える。

　また起業家精神の育成については、従来明確なカリキュラムがなかったこともあり、米国での実施例も参考にしながら、今後も教育課程の整備が必要となっている。ここ数年、いろいろな企業や自治体主催のビジネスコンテストが開催されているが、これらの学外のコンテストへも参加できるよう、基礎的な教育を学内で行うことがまずもって重要である。また学内でもビジネスコンテストを行うなど、学生へ刺激を与えることも大学院のさらなる改革に繋がるものと考える。

第2章 リーディング大学院とは

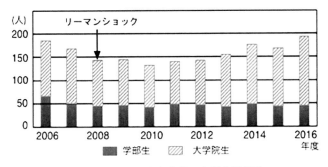

図2-3　大阪府立大学の留学生数推移

2.2　我々が目指す博士人材

　大学院のかかえる課題への改革を進める起爆剤として、今回のリーディング大学院のプロジェクトに着手すべく、大阪府立大学と大阪市立大学で、多くの先端研究を行っている物質科学の分野で「グローバルに通用するイノベーションを起こすリーダー」の育成に取り組むこととした。この物質科学の分野では、20世紀以降、シリコン技術、半導体レーザー、磁気記憶材料などの発見発明が産業を革新する事例が多く出ている。20世紀におけるこれらの成功には、物質からデバイス、さらにシステムまでを包含するエレクトロニクスの高度な階層化が役割を果たしてきた。そこでは、下位階層を入出力特性のみが表出したブラックボックスとし、上位階層の構成要素とすることによって各階層での技術革新と、それを担う人材教育の高度な効率化が推し進められてきたと言える。

　しかし、近年このような技術枠組みでは対応できない新しい物質概念や、「ことづくり」を中心とする産業構造シフトが顕在化している。また技術的階層の融合に留まらず、シーズ的視点を超えて、システム、さらには事業的視点に立つ発想からフィードバックされた戦略的な階層融合研究の推進が、単に安価な製品を供給するだけではない、「こと」を

中心とした持続的で国際競争力のある産業、および安全安心社会・持続型社会を支える産業の構築には必須の要素となりつつある。国際競争の中で、その優位性の低下が顕在化し始めた我が国の産業が置かれた状況を鑑みれば、このように「もの」の開発に「こと」の考え方をダイレクトに融合し、「ものづくり」を閉じた階層から解き放ち、素材から機能分子・デバイス、さらにそれらを統括するシステムまでの階層が高度に融合された、斬新なシステム発想型研究開発戦略を想起できる高度研究リーダーが今まさに必要であり、その育成体制の構築こそが我が国の急務であると言える。

　このような人材こそが今社会から求められる博士人材であると言っても過言ではないと考え、本プログラムの目標として、「ことづくり」の発想から深い物質科学の素養を活かすことができ、階層融合的な研究戦略を想起できる「システム発想型」物質科学リーダーを養成することとし、以下のように「アドミッション・ポリシー」を定めた。

【アドミッション・ポリシー】
- 学問を深く継続して学ぶ意欲に富み、人や自然を愛し、人類の持続可能な発展と世界平和に関わる、産業界に横たわる未知の問題に果敢に立ち向かい、地球環境を守るという気概を持つ。
- グローバルな環境の中で、情報収集・発信できる突破力とマネジメント力を有する。
- 高度な学術的研究成果を産業の開拓に強力に結びつける高い企業マインドを有する。
- 「基礎から実用展開への生きたリンク」を構築できる、産業界に主軸を置くリーダーになりうる素養を有する。
- システム系の発想で物質科学を俯瞰し、新しい問題点を見出すことができる。

第2章　リーディング大学院とは

- 産業界に顕在化する問題点を解決するために必要な素養を得るために、自らの力でコースワークと研究計画をデザインする気概と能力を有する。

リーディング大学院の目標としては、産学官にわたりグローバルに活躍できるリーダー養成を目指すとしているが、本プログラムでは特に産業界に主軸を置くリーダーの養成に思い切って特化することとした。この養成目標を具現化すべく、本プログラムでは物質科学関連教員だけでなく、システム・情報関連教員、企業教員の大胆な導入により構成されたカリキュラムを通して、具体的に養成すべき博士人材像として、「ディプロマ・ポリシー」を以下のように定めた。

【ディプロマ・ポリシー】
- 物質科学の専門分野をリードできる確固とした物質科学基礎力
- システム的発想から階層融合的に研究戦略を構築できるデザイン力
- 基礎的研究を産業的イノベーションへ結びつける突破力
- 自らの発想を世界に根づかせるリーダーシップと国際発信力

博士人材が本来持つべき、高い専門性に加え、これらを駆使して新たな「こと」を生み出し、形にする力をつけさせることを第一義に考えている。これらの素養を翼として、国際競争力を持ち、安全安心、かつ持続的社会実現に貢献できる産業を構築できる「システム発想型物質科学リーダー」としての博士人材を養成していくこととした。

2.3　リーディング大学院での博士人材の養成

産業界に主軸を置き、「ことづくり」の発想から階層融合的な研究戦略を想起できる「システム発想型」物質科学リーダーを養成するため、本プログラムではさまざまな特徴あるカリキュラム、5年一貫のサポー

トシステムを実施している。詳細は第4章〜第6章に記載するが、主に以下の特徴を備えたプログラムである。

（1）インターディシプリナリー科目群により、分野・階層横断的な考え方が備わる。……第5章
（2）リテラシー科目群により、多面的な人間観を養成し、社会的責任を自覚する基礎的素養を身に付ける。……第5章
（3）アイディエーション科目群とさまざまな演習により、システム発想、デザイン思考を学び、技術をベースとする「こと」づくりを理解する。……第5章、第6章
（4）アントレプレナーシップ科目群とFledgeプログラムとの連携により起業家精神を学ぶ。……第5章、第6章
（5）グローバル科目群や海外の研究者による講演、海外研究、さらに海外の大学生との交流を通じて、国際発信力を養成する。……第5章
（6）企業幹部出身者のメンターによる5年間の指導、計画書や予算書などの作成などを通じ、産業界であれ、アカデミアであれ、社会生活の基礎を身に付ける。……第4章

　このようなカリキュラムや種々の演習は、博士前期課程および博士後期課程での、履修生各自の専門分野の講義、博士論文に至る研究に追加されることから、履修生には相当の努力が必要となる。しかしながら、このプログラムを通じて、自主的かつ戦略的に自分のキャリア形成の道を探り、自立した研究者に育つことが期待される。

Column 1　　　　　　　　　　　　　　　第2章　リーディング大学院とは

SiMSプログラムの採択と成果の輩出

　2018年3月24日、大阪府立大学学位記授与式の日、本学はプログラムの修了生を初めて社会に送り出しました。私は学位記が彼らに授与されるのを、部局長として同じ壇上で立ち会う光栄にあずかったのです。システム発想型物質科学リーダー養成学位プログラム修了と付記された博士の学位記を、発足当初プログラム責任者であった辻洋学長から彼らが受ける光景は大変感慨深いものがありました。

　リーディングプログラムに向けていかに優れた学位プログラムを立案したとしても、それを実施するには数多くある大学間での競争に打ち勝たなければなりません。2013年の秋、私は、プログラムコーディネーターとして、当時の大阪府立大学 奥野学長、大阪市立大学 西澤学長、大阪府立大学 辻理事とともに、リーディングプログラムの採否を賭けた最終ヒアリングに臨みました。研究費獲得のための最終審査にはこれまで何度もチャレンジしてきましたが、後にも先にも、この時ほど周到に準備し臨んだ審査会は初めてです。本学がこれまで取り組んできたDプロやLプロといった教育プログラムをベースに、大阪府立大学・大阪市立大学の多くの先生方の英知を結集して立案された本プログラムは、リーディング大学院の精神に合致した本当に素晴らしいもので、立案に関わった多くの教職員を思うと、何としても実施したいと思いましたし、また本プログラムは大阪府立大学・大阪市立大学の統合のシンボルとも位置付けられており、その採否が大学の行く末も左右しかねない状況だったため、プレッシャーもありました。幸い本プログラムは採択され、これまでどうしても突破できなかった有力国立大学の壁に、公立大学が挑み、初めて風穴を開けたのではないかと思っています。

　採択から5年が経過し、5期の履修生を受け入れ、プログラムを進める中で、この間に何度も外部評価者による現地調査が行われ、そのたびごとに公立大学が有力国立大学を押しのけて採択されたことが正しかったのかが問われ続けてきました。しかしこの問いに対する答えは明白で、この現地調査のたびに、外部評価者による本プログラムに対する評価はどんどん高まっています。これは、決して私たち教職員の実施報告に基づくものではなく、実習見学や履修生からの直接の聞き取り調査によるものです。すなわち外部評価者には、履修生の成長を通してプログラムの素晴らしさを実感していただいたのです。

　今後、システム発想型物質科学リーダー養成学位プログラム修了と付記された学位記が履修生に授与され、本プログラムの成果物である修了生が本格的に社会に出ていきます。修了生の社会での活躍によって本プログラムの真価が認められ、正のスパイラルが生み出されることを強く望んでいます。

プログラムコーディネーター
大阪府立大学大学院　工学研究科研究科長　教授
辰巳砂　昌弘

第3章

リーディング大学院採択からカリキュラム編成へ

3.1 リーディングプログラムの採択

　リーディング大学院のプログラムは2011年度に募集が始まった。大阪府立大学からは2012年度に複合領域型（環境）の分野でプログラム参加を申請したが、2012年度は124件と初年度よりも多くの大学からの応募があり、その中には残念ながら採択されなかった。応募した分野での他大学と差別化できる優位性、産学官や外国の大学との連携などにおいて、規模の大きい国立大学と競争するには、少し及ばなかったものと理解している。

　そこで、2013年度は、大阪府立大学と大阪市立大学との連携で参加申請を行うことにした。2013年度に公募があった9種類のプログラム分類（1）オールラウンド型、（2）複合領域型（環境）、（3）複合領域型（生命環境）、（4）複合領域型（物質）、（5）複合領域型（情報）、（6）複合領域型（多文化共生社会）、（7）複合領域型（安全安心）、（8）複合領域型（横断的テーマ）、（9）オンリーワン型の中で、両大学の研究分野として多くの実績もある（4）複合領域型（物質）の分野で応募した。大阪府立大学と大阪市立大学の統合の話は、その時点で、統合時期が明確でないものの規定路線であったため、両大学共同での申請を選んだ。両大学の多くの教員の賛同を得て、申請時からプログラムを育てていく担当者として多数のメンバーを揃えることができた（2012年度の申請で

14

は担当者48名に対し、2013年度の申請は83名）。また、海外の大学との繋がりを持つ教員から、いろいろな国の優れた教員の方々に、今回のプログラムへの積極的な参加を依頼し、内諾を得ることができた（プログラム担当者として16名）。特に米国のブラウン大学のAngus I. Kingon教授が米国およびポルトガルで進めている、システム思考力を活かしたイノベーション創出のための演習（参考文献　1）、2））の考え方を取り入れることになり、システム発想力を活かした「ことづくり」を起こすことができる博士人材の育成という特色を掲げることにした。さらに大阪府立大学が、以前から産業界との連携をその大きな柱としている大学であることを意識し、「産業界で活躍できる」人材育成も大きな特色とした。準備期間は短かったが、旗振り役となっていた教員を中心とした推進組織を結成し、企業幹部出身者などのTEC教員、メンターを集めることができた（産業界OBおよび関係者15名）。

　結果として2013年度には、全体で国立大学13校16プログラム、公立大学では大阪府立大学・大阪市立大学のプログラム、私立大学1プログラムが採択された。特に複合領域型（物質）の分野では、北海道大学「物質科学フロンティアを開拓するAmbitiousリーダー育成プログラム」東北大学「マルチディメンジョン物質理工学リーダー養成プログラム」と

表3-1　リーディングプログラム採択結果

		国立大学		公立大学		私立大学		合計	
		大学数	件数	大学数	件数	大学数	件数	大学数	件数
2011年度	申請	40	75	8	8	15	18	63	101
	採択	10	17	2	2	1	2	13	21
2012年度	申請	51	99	8	10	11	15	70	124
	採択	14	21	1	1	2	2	17	24
2013年度	申請	45	82	8	9	9	11	62	102
	採択	13	16	1	1	1	1	15	18

並んで、大阪府立大学・大阪市立大学の「システム発想型物質科学リーダー育成学位プログラム」が採択された。

今回採択に至ったのは、以下の点が評価されたものと考える。

（1）2大学共同で、両大学の学長を筆頭に多くの教員を含めた組織体制が評価された。
（2）産業界のリーダー育成と「ことづくり」を目指した教育・研究に特化したプログラムであり、新しい公立大学モデルに繋がる意欲的な提案と評価された。
（3）ものづくりだけでなく、システム的発想を持ち「ことづくり」ができる「産業牽引型リーダー」育成のために、教育プログラムを企画した。
（4）多数の異なる背景の外国人や産業界から多くのメンターをプログラムに入れている。
（5）アントレプレナーシップ科目群を設けて起業人材の育成教育にも取り組む。
（6）今までの大阪府立大学と産業界との連携をもとに、企業インターンシップ先として70社を具体的に準備している。
（7）米国のブラウン大学と連携したアイディエーション演習を取り入れ、多様な人材との議論を通して、ビジョン構築力の養成が期待できる。
（8）物質系／システム情報系の学生が相互の科目を受講することにより、物質とシステムとの両方の媒体を活かした、新しい「ことづくり」が期待できる。

2013年9月に申請プログラムの認可が決定し、評価された点を十分に活かすことができるように、1期生を迎えるまで、忙しい期間が続いた。

①推進組織・各種委員会などの準備、副コーディネーターの指名、各

種委員会メンバーの確定

②具体的な規則・細則の作成や手続き書類などの整備を行い、1期生を迎えた後の事務手続きを行うため、事務局となるリーディング支援室メンバーの確定

③カリキュラムを具体化するためのシラバスの作成

④メンター要員の確定

⑤履修生の選考試験の内容や評価方法の具体化と、履修候補の4年生への説明会準備

⑥学内規定の整備

⑦パンフレットの作成など、広報業務の開始

　作成しなければならない規則などは、今までほとんど経験したことのないものもあり、プログラム担当者になっている多くの教員の協力を得て、月数回以上の企画準備の打ち合わせを行いながら、組織作りや具体的な規定内容、履修生の募集要項、選考試験内容などを決めることができた。大阪市立大学の担当教員も、会議のため頻繁に大阪府立大学まで参集した。具体的な事務手続き案を作成し、予算詳細を文部科学省に提出し、いろいろな書式を決めるなど、リーディング支援室の仕事は多忙を極めた。また、本プログラムが特に産業界に主軸を置くリーダーの養成を主眼としていることから、産業界の人材によるメンター制度を重要な位置付けとした。そこで、できるだけいろいろな業界の出身者をメンター要員として迎えるため、短期間で適任者を探し、本プログラムの主旨にそった教育が実施可能かを見極め、必要なメンターの陣容確保のために多大な努力を必要とした。

　これらの準備を終え、本章3.3に記載する選考試験を実施し、1期生を迎えることができた時の喜びと興奮は忘れることができない（口絵2）。

3.2　学域を超えた連携、海外との連携、企業との連携

　大阪府立大学大学院の工学部、理学部、生命環境学部の大学院（現在の工学研究科、生命環境科学研究科、理学系研究科、人間社会システム科学研究科）と、大阪市立大学大学院の工学研究科（当初機械物理系専攻、電子情報系専攻、化学生物系専攻で開始し、2017年度からは都市系専攻も含む）が一体となった運営、教育を開始した。特に物質系研究科の学生にはシステム系の基礎科目を、システム系研究科の学生には物質系の基礎科目を必修とし、異分野の学生間での交流も通して、基礎的な知識を最初の学年で修得することを目指した。履修生は自主的に、異分野の学生との自主共同研究を企画し、第5章で述べるように、多くの自主共同研究が行われることで各自の専門分野の研究にも広がりが出ることを期待した。

　海外との連携として、表3-2にあるようにブラウン大学のAngus I. Kingon教授をはじめとして、11の大学との連携を図り、海外の大学でのアイディエーションワークショップやビジネスプラン演習への参加、さらには海外留学の受け入れ先として連携を図った。

表3-2　海外の連携大学

Barret Hazeltine Univ. Protessor of Engineering Brown Univ. Professor of Entrepreneurship and Organizational Studies.	アンガス キンゴン Angus I. Kingon (59)	材料化学・ Entrepreneurship 教育学 Ph.D.	プログラムアドバイザー、カリキュラム策定支援、留学受け入れ対応
Université Pierre et Marie Curie・Professor	ミシェル シェ Michel CHE (72)	Chemical Engineering Ph.D.	プログラムアドバイザー、カリキュラム策定支援、留学受け入れ対応
華東理工大学大学院工学研究科 応用化学専攻・教授	チョウ キンリュウ Jinlong Zhang(49)	応用化学 博士（応用化学）	学生指導、留学受け入れ対応

Kumoh National Institute of Technology School of Advanced Materials and Systems Engineering Professor	オー ミョンホン Oh Myung-Hoon (54)	Metallic Materials Ph.D. (Engineering)	学生指導、留学受け入れ対応
Thai-Nichi Institute of Technology（TNI）, Faculty of Engineering Associate Professor	ジンタワット カイチャナワン Jintawat Chaichanawong (35)	Chemical Engineering Dr. Eng.	学生指導、留学受け入れ対応
Saybrook University, School of Organizational Leadership and Transformation Professor	ナンシー スーザン Nancy Southern (63)	Organizational learning and development・ED.D.	学生指導、留学受け入れ対応
University of Georgia, Terry college of Business Associate Professor	アーミット ティワナ Amrit Tiwana (39)	Inforamation system Ph.D.	学生指導、留学受け入れ対応
National University of Tainan, Dept. of Computer Science and Information Engineering・Professor	チャンシン リ Chang-Shing Lee (45)	Computer Science and Information Engineering Ph.D.	学生指導、留学受け入れ対応
Aalborg University, Department of Electronic Systems・Professor	ペーター ポポフスキー Petar Popovski (40)	Communications Theory Ph.D.	学生指導、留学受け入れ対応
Kyung Hee University, School of Electronics and Information・Professor	ケサン リ Kyesan Lee（44）	Communications Engineering Ph. D.	学生指導、留学受け入れ対応
the Royal University of Phnom Penh, ViceRector・Professor	ファル デス Phal Des（43）	Information Science D.E.S	学生指導、留学受け入れ対応

　また、住友電気工業株式会社、株式会社村田製作所、株式会社日立製作所、東芝ソリューション株式会社、コニカミノルタ株式会社、株式会社プロアシストなどの企業との連携を当初から持ち、独立行政法人産業技術総合研究所とも連携を持った。連携先の企業の方には、アイディエーション科目群やアントレプレナーシップ科目群における学生の発表に参加を依頼し、学生を指導していただくこととした。

3.3　選考試験と対象となる学生への広報活動

3.3.1　選考試験

　2014年度からの履修生の募集には、選考方法を至急に決めることが必須であった。基本は、第2章2.2に記載したアドミッション・ポリシーから評価項目を決めることで、選考試験の内容が決まっていき、資格審査委員会での議論を経て決定された。博士後期課程まで進学することを自覚し、十分な資質を有していることはもちろんであるが、将来産業界でイノベーションを起こす気構えや、考え方の柔軟性と行動力、グローバルな環境への対応力、さらにはリーディング大学院を通じて成長したいという思いなどが評価基準となった。

　受験資格は、プログラムに参加している研究科（表3-3）への大学院進学が内定している学生が対象であるが、詳しくは下記の条件とした。また、すでにリーディングプログラムを開始している他大学の情報も参考とし、4月から博士前期課程に進学する学生だけでなく、すでに博士前期課程の1年次に在籍している学生も対象とした。

- 対象となる大学院研究科の博士前期課程（修士課程）の選考試験に合格した学生
- 対象となる大学院研究科の博士前期課程1年次に在籍する学生
- 対象となる大学院研究科への留学生としてすでに入学が許可された学生、あるいはこれから大学院の選考試験を受験する予定で、教員からの推薦を受けた学生

第3章 リーディング大学院採択からカリキュラム編成へ

表3-3 対象となる大学院研究科（2018年度募集）

【大阪府立大学大学院 博士前期課程】

研究科名	専攻名
工学研究科	（A）機械系専攻
	（B）航空宇宙海洋系専攻
	（C）電子・数物系専攻
	（D）電気・情報系専攻
	（E）物質・化学系専攻
	（F）量子放射線系専攻
生命環境科学研究科	（G）応用生命科学専攻
	（H）緑地環境科学専攻
理学系研究科	（I）数理科学専攻
	（J）物理科学専攻
	（K）分子科学専攻
	（L）生物科学専攻
人間社会システム科学研究科	（M）現代システム科学専攻

【大阪市立大学大学院 前期博士課程】

研究科名	専攻名
工学研究科	（N）機械物理系専攻
	（O）電子情報系専攻
	（P）化学生物系専攻
	（Q）都市系専攻

　募集初年度は、学部学生と博士前期課程1年次の学生との採用数について、特に枠は設けなかったが、2年目以降の募集では博士前期課程1年次の学生の採用枠を設けることにした（表3-4）。選考試験募集は1月中旬から2月5日頃とし、表3-5に示す出願書類を提出とした。

　選考試験は3月の初旬に行うこととした。

表3-4　募集人員

年度	募集人員
2014年度	20名程度
2015年度	20名程度 うち博士前期課程1年次在籍者4名、 外国人履修生若干名を含む

表3-5　出願書類

	出願書類など	作成方法など
1	履修願書（履修志願票、受験票、写真、履歴書）	所定の用紙（巻末付録1）を使用
2	出願資格証明書類	•博士前期課程の選考試験に合格した者は、合格通知書（写し） •博士前期課程の1年次に在籍する者は、在学証明書
3	志望理由書	所定の用紙（巻末付録2）を使用
4	成績証明書	大学の学部において出願時点までに履修した科目の単位数、成績評価、成績評価基準を記入したもの。
5	受験票返信用封筒 （※郵送での出願者のみ）	長形3号（12.0cm×23.5cm）の封筒に、392円分の切手を貼付し、送り先を記載したもの。

試験の内容は、
（1）小論文：試験日当日に与えられたテーマに従い、90分間で2000字
　　　　　　　以内で記述
（2）口頭試問：卒業研究、あるいは博士前期課程1年次での研究内容
　　　　　　　を分かりやすく試験官の前でプレゼンテーション
（3）面接：出願時に提出した志望理由書ならびに小論文の内容を踏ま
　　　　　え、本プログラムのアドミッション・ポリシーに関するこ
　　　　　とを中心に面接

　試験の評価方法については、いろいろな学域の教員や企業幹部出身者

のメンターが採点を行うことから、客観性、公平性、継続性などの観点より、教育現場での標準的な採点方法であるルーブリック評価方法を用いることにした。

例えば、面接において「研究を通して身に付けた能力をどのように産業界で役立てるかを考えている」の評価項目でのルーブリック評価は、

- 研究を通して身に付けた能力をどのように産業界で役立てるかを考えていない。　　　　　　　　　　　　→　０点
- 研究を通して身に付けた能力をどのように産業界で役立てるか概略が説明できる。　　　　　　　　　　　→　１点
- 研究を通して身に付けた能力をどのように産業界で役立てるか重要な要素が説明できる。　　　　　　　　→　２点
- 研究を通して身に付けた能力をどのように産業界で役立てるか重要な要素に分けて筋道立てて説明できる。　→　３点
- 研究を通して身に付けた能力をどのように産業界で役立てるか説明でき実践する意志が感じられる。　　　→　４点
- 研究を通して身に付けた能力をどのように産業界で役立てるか説明でき実践する意志と成果が期待できる。　→　５点

以上のように採点基準を決めた。

3.3.2　留学生募集

アドミッション・ポリシーにある、「グローバルな環境の中で、情報収集・発信できる突破力とマネジメント力」を養成するためにも、留学生を受け入れてプログラム内での交流を行うことが肝要であり、留学生募集を当初より積極的に行ってきた。

（１）対象とする留学生は下記の条件を満たすものとした。
- 本プログラムの対象となる研究科に入学意思のあるもので、専攻

研究科の教員からの推薦がある者
- 日本国籍を有しない者で海外の大学を卒業、または卒業見込みの者（各研究科の外国人留学生特別選抜出願資格に準ずる）
- 博士学位取得まで本プログラムを履修することが確約できる者

（2）出願は随時受け付けとし、年度での採用を若干名とした。

（3）選考試験は両大学の学生と同様に、a）小論文、b）口頭試問、c）面接で行い、海外在住の受験者は必要に応じ、Skypeでの試験も可能とした。

（4）本プログラムの講義受講の必要があることから、基本的には4月入学とした。

3.3.3　対象となる学生への広報活動

初年度は、広く教員・学生へ本プログラムの特徴、内容を理解してもらうための活動を早くから開始した。本プログラムの趣旨を十分理解した上で多くの学生が応募することにより、結果的に優秀な学生の獲得に結びつくとの考えをもとに募集に向けて、「教員説明会」の開催、「学生への説明会」の開催、「キックオフシンポジウム」の開催、「学生相談会」の開催などの取り組みを重点的に実施した。その結果、20名程度の定員に対して、44名の学生の応募に結びついた。

（1）学生説明会および教員への説明会

専攻ごと(一部合同)にきめ細かな説明会を複数回開催し、学生にとってのプログラムの意義と、その内容を理解させることに努めた。

　　大阪府立大学：12〜1月にかけて6回開催、トータル308名参加
　　大阪市立大学：12〜1月にかけて3回開催、トータル184名参加

学生への説明と併行して、両大学で履修生を募集する学科の教員への説明会を行った。博士後期課程まで進学する学生については、研究室の

教員からの勧誘や指導が学生の受験決断には最も大きな影響力を有すると考え、大阪府立大学では12月に2回開催し74名の教員が参加、大阪市立大学では12月に2回開催し80名の教員が参加した。

表3-6　学生説明会　出席者数一覧

大学	研究科名	専攻名	対象者数			出席者数				
			B4	M1	計	B2	B3	B4	M1	計
大阪府立大学	工学研究科	機械系専攻	72	63	135	0	0	13	5	18
		航空宇宙海洋系専攻	60	40	100	0	3	6	6	15
		電子・数物系専攻	69	47	116	5	15	53	39	112
		電気・情報系専攻	103	88	191	0	10	13	7	30
		物質・化学系専攻	141	131	272	0	0	57	15	72
		工学研究科計	445	369	814	5	28	142	72	247
	生命環境科学研究科	応用生命科学専攻	106	60	166	3	20	19	6	48
						*うち1名は生命・緑地専攻者				
	理学系研究科	物理科学専攻	34	19	53	0	2	3	3	8
		分子科学専攻	36	20	56	0	0	2	0	2
		生物科学専攻	35	30	65	0	0	5	3	8
		理学系研究科合計	105	69	174	0	2	10	6	18
	大阪府立大学　総合計		656	498	1154	8	50	171	84	313
大阪市立大学	工学研究科	機械物理系専攻	47	39	86	0	0	26	29	55
		電子情報系専攻	73	60	133	0	0	51	36	87
		化学生物系専攻	49	37	86	0	0	29	22	51
	大阪市立大学　総合計		169	136	305	0	0	106	87	193

(2) キックオフシンポジウム（2014年1月24日）

　学生への周知の仕上げとして、キックオフシンポジウムを開催し（図3-1）、文部科学省からの挨拶をはじめ、外部の有識者および企業で活躍している若手研究者等の講演で、博士課程への進学の意義、本プログラムの有効性を学生に伝えてもらった。事前の教員・学生説明会での勧

誘活動により、両大学で学部４年生298名、博士前期課程１年生111名を含む526名の学生と教員117名、企業関係者３名、合計646名が参加する大盛況のシンポジウムとなった。

（3）学生相談会

　キックオフシンポジウム時に記入されたアンケートをもとに、本プログラムへ参加意欲のある学生に対して、次年度以降のメンター担当予定の企業幹部出身者による相談会を計10回開催し、42名の参加があった。本プログラムへの参加に関する質問および悩み事、本プログラム終了後の産業界での活躍の意義（博士としても専門性を極めると同時に幅広い素養を身に付ける必要性など）を共有した。

（4）２期生以降の学生への説明

　２期生以降の学生募集に先立っても、学部３年生、４年生および博士前期課程１年生を対象に、さまざまな募集活動を毎年実施した。
（ａ）「システム発想型物質科学リーダー養成学位プログラム」シンポジウムを、大阪府立大学、大阪市立大学、それぞれで開催（図３−２、図３−３）
（ｂ）キャリアサポート室との連携による、理系学生のための就職・進学セミナー（図３−４）
（ｃ）例年10〜11月に履修生による後輩学生への相談会「SiMS Cafe」（図３−５、図３−６）

　この学生相談会では、次年度の募集への応募を悩んでいる学生に先輩履修生が相談相手となることで、実情を理解してもらうことを心がけた。

第3章　リーディング大学院採択からカリキュラム編成へ

図3-1　キックオフシンポジウム

図3-2　大阪府立大学開催のシンポジウム（2014年度）

図3-3　大阪市立大学開催のシンポジウム（2014年度）

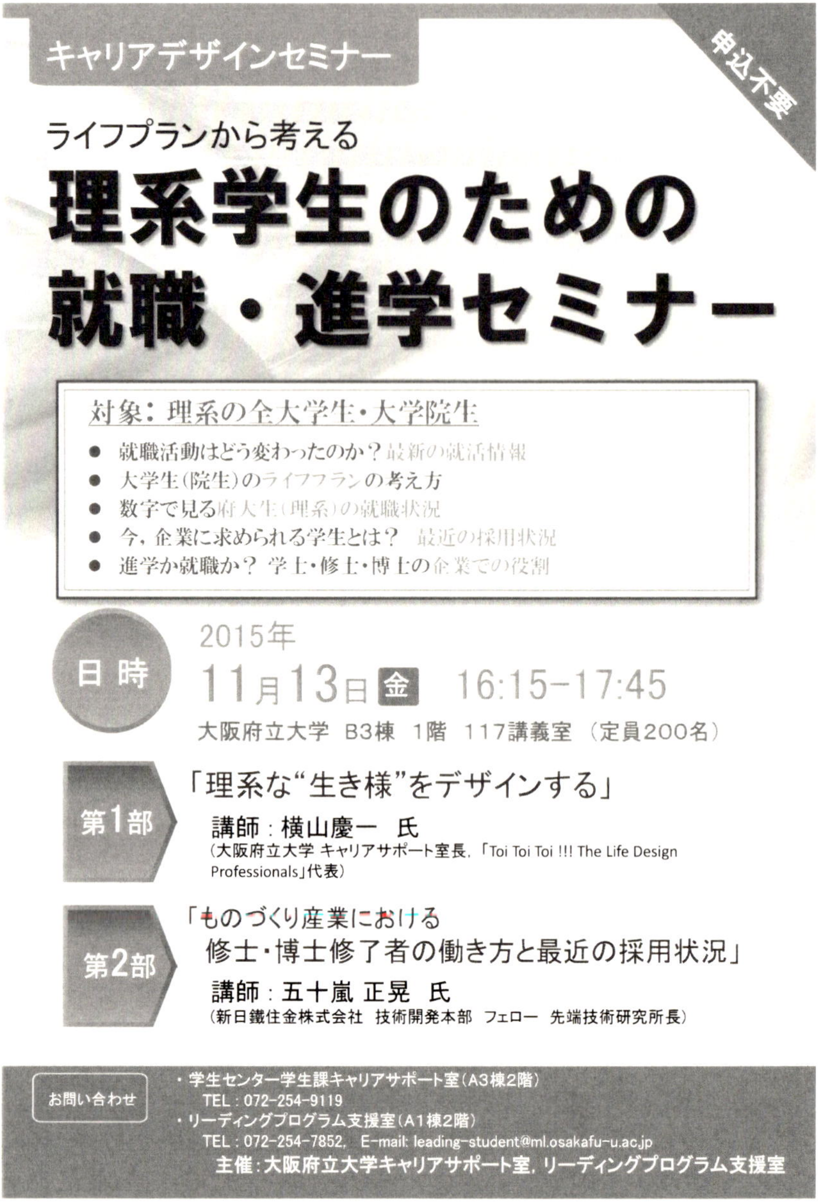

キャリアデザインセミナー

申込不要

ライフプランから考える
理系学生のための
就職・進学セミナー

対象：理系の全大学生・大学院生

- 就職活動はどう変わったのか？ 最新の就活情報
- 大学生（院生）のライフプランの考え方
- 数字で見る府大生（理系）の就職状況
- 今，企業に求められる学生とは？ 最近の採用状況
- 進学か就職か？ 学士・修士・博士の企業での役割

日 時
2015年
11月13日 金 16:15-17:45
大阪府立大学 B3棟 1階 117講義室 （定員200名）

第1部
「理系な"生き様"をデザインする」
講師：横山慶一 氏
（大阪府立大学 キャリアサポート室長，「Toi Toi Toi !!! The Life Design Professionals」代表）

第2部
「ものづくり産業における
修士・博士修了者の働き方と最近の採用状況」
講師：五十嵐 正晃 氏
（新日鐵住金株式会社 技術開発本部 フェロー 先端技術研究所長）

お問い合わせ
- 学生センター学生課キャリアサポート室（A3棟2階）
  TEL：072-254-9119
- リーディングプログラム支援室（A1棟2階）
  TEL：072-254-7852， E-mail：leading-student@ml.osakafu-u.ac.jp
  主催：大阪府立大学キャリアサポート室，リーディングプログラム支援室

図3-4 就職・進学セミナー（2015年度）

第3章　リーディング大学院採択からカリキュラム編成へ

図3-5　学生説明会（SiMS Café）（2014年度）

図3-6　学生説明会（SiMS Café）（2015年度）

3.4　学内組織と学生指導体制

(1) プログラムの運営

　リーディングプログラム全体の運営は、

事業総括：大阪府立大学副学長（2016年より学長）　辻洋

プログラムコーディネーター：

　　　　　大阪府立大学大学院工学研究科　辰巳砂昌弘教授

副コーディネーター：

　　　　　大阪府立大学大学院工学研究科　石原一教授、藤村紀文教授

　　　　　大阪府立大学21世紀科学研究機構　松井利之教授

　　　　　大阪市立大学大学院工学研究科　中山正昭教授

が行い、その他、巻末付録3に記載するプログラム担当者、

- 大阪府立大学大学院の37名の教授、准教授
- 大阪市立大学大学院の15名の教授
- 企業幹部出身者のTEC教員およびメンター
- 企業の立場で本プログラムを支援する、プログラムアドバイザー
　およびおよび学生支援担当者

がプログラムの企画、運営に関する委員を担う。その他、本プログラムに参画する大阪府立大学大学院、大阪市立大学大学院の研究科の全教員に本プログラムの内容を説明、周知し、協力支援を要請した。

(2) 各種委員会組織

　プログラムの運営にあたって、SiMSプログラムステアリング委員会を決定組織として、その下に、運営のための委員会および年度ごとの評価を行う委員会を設置した（表3-7）。

表3-7　プログラム運営組織

委員会組織			役割	委員会メンバー
SiMSプログラム ステアリング委員会			両学共同運営体制における 『意思決定組織』	大阪府立大学、大阪市立大学の両大学学長、 両大学教育担当副学長 プログラム参加研究科の科長 プログラム責任者、プログラムコーディ ネーター
	SiMS運営委員会		両大学共同の『運営組織』	プログラム責任者、プログラムコーディ ネーター 両大学のプログラム担当教員　28名 TEC教員、プログラム運営統括
		資格審査委員会	プログラム選考試験、QE試 験、PD試験、Defense試験の 実施	プログラム責任者、プログラムコーディ ネーター 両大学のプログラム担当教員　18名 TEC教員、プログラム運営統括、資格審査 アドバイザー
		教育運営委員会	カリキュラムの開発設計、 策定およびその評価	プログラムコーディネーター 両大学のプログラム担当教員　9名 TEC教員、プログラム運営統括、L教員※
		企画推進会議	プログラムの円滑な遂行など の実質的なプログラム活動	プログラムコーディネーター 両大学のプログラム担当教員　9名 TEC教員、プログラム運営統括
	SiMSプログラム 評価委員会		『プログラム評価』、 アドバイス	評価委員長（元大阪府立大学学長） 学外評価委員　2名 両大学の教育担当副学長、プログラム参加 研究科の科長
	SiMSカリキュラム 評価委員会		『カリキュラム評価』、 アドバイス	両大学の教育担当副学長 プログラム参加研究科の科長

※注）L教員：本プログラムのカリキュラム教育を担うが、所属学生の研究指導は行わない教員。

(3) 学生指導メンターの確保

　履修生の指導は、基本的には各学生の指導教員が行うが、リーディン
グ大学院としては、カリキュラムの補助や各学生の自主性の養成、さら
にキャリア形成を支援するために、企業幹部出身者のメンターを置い
た。（詳細は第4章参照）。2013年9月のプログラム認可から、あまり時
間的余裕がなく、従来から大阪府立大学の高度人材育成センターでメン
ターとして活躍していた人材だけでは足りず、急遽企業OBの人脈を通

じて3名を雇用した。メンターの中には高齢の方も多く、結果としてプログラムを進行していく中で、かなりのメンバーの入れ替えが行われる結果となった。

(4) リーディング支援室

　プログラム事務の運営組織として、プログラム運営統括と複数名の事務職員からなるリーディング支援室を設置した（巻末付録4）。プログラム開始時には、具体的な事務手続内容、予算詳細やいろいろな書式の作成を行い、プログラム開始後は奨励金、自主共同研究費などの予算管理を行う。

3.5　履修生に付与される特典

(1) 特徴ある講義および演習

　リーディング大学院の履修生は、通常の大学院にはない、特徴ある講義および演習を受講することができる。詳細は第5章に記載するが、理系の学生として必要な教養、異文化理解、キャリアパスへの考え方などを学べるリテラシー科目群、「ことづくり」にとって重要なインターディシプリナリー科目群とアイディエーション科目群、グローバルリーダーを目指す人材育成のためのグローバル科目群とアントレプレナーシップ科目群がある。これらの講義および演習では、大学教員だけでなく、官民の広くいろいろな分野の講師から受講することができる。これらの講義演習の一部は、本プログラム終了後、両大学の大学院生に大学院共通科目として広く公開していく予定である。

(2) 学修奨励金

　履修生には、本プログラムに集中することを目的として、

博士前期課程の学生には……年間120万円

博士後期課程の学生には……年間180万～240万円

の学修奨励金（奨励金）が支給される。

博士後期課程の学生への奨励金の金額は、第4章記載のQE（Qualifying Examination）試験での総合点により

60～65点未満……年間180万円

65～70点未満……年間210万円

70点以上…………年間240万円

と決められた。さらに博士後期課程2年次に実施されるPD（Pre-Defense）試験の総合点により、博士後期課程3年次1年間の支給額は変更になる。なお、履修生の中には日本学術振興会の特別研究員に採択された学生もいるが、その履修生には奨励金は支給されない。

この支給金額は、履修生がこれだけで生活するには最低限の金額となっているが、専攻分野での研究と本プログラムの履修に全力を傾注すれば、アルバイトなどとてもできないことから、履修生にとっては大事な生活費用である。

（3）自主共同研究費

本プログラムの履修生には、グローバルな活動への支援、異分野交流による俯瞰力の醸成への支援を目的として、自主共同研究費が支給される。

博士前期課程学生……年間20万円

博士後期課程学生……年間40万円

年度の初めに年間の使用計画を各自作成し、支出する際は、事前に使用願を提出する。

使用目的として、

• 異分野交流を目的とした自主共同研究のための消耗品

- 国内・海外での学会で、発表のために出席する場合の交通費、参加費用など
- 本プログラム必修科目の履修に必要な経費、交通費
- 本プログラムに関連した知識修得のための書籍

これらの項目に相当することを必要とし、履修生自身の専門課程での研究に関する費用は認めない。

（4）メンターによる履修指導、就職活動などへの支援

各年次の履修生に、5名ないし10名ごとに担当のメンターを決めており、いろいろな指導、支援を受けることができる。

- プログラム期間中の5年（4年）計画や、単年度計画作成へのアドバイス
- リーディングプログラムの講義や演習、さらには不定期に開催される各種演習などの情報
- 必修科目である研究室ローテーションやグローバルリーダー演習（海外留学）などの行き先、内容についてのアドバイスと、プログラムの認可手続きの支援を受ける
- 自主研究費の申請内容の確認
- 卒業後の進路についてのアドバイスや、就職活動の一環として企業へのインターンシップ支援

3.6　ホームページなどの広報活動

（1）ホームページ作成

本プログラム開始とほぼ同じくして、大阪府立大学のホームページ内に、本プログラムのホームページを開設した。これにより主に、

①学内への本プログラム実行状況の情報発信

ニュース＆トピックス、イベント情報、活動レポート

　　SiMSニュースレターのバックナンバーの公開

②留学生や他校からの応募学生を集めるための情報発信

　　学長からのメッセージ、プログラム責任者からのメッセージ

　　プログラム内容の説明、カリキュラムと時間割表

　　先輩履修生の紹介、募集要項の公開

③プログラムに関する情報を履修生へ発信

　　プログラム担当者の紹介と連絡先

　　履修の手引きの公開など

　また、履修生専用ページを設置し、各種申請様式をダウンロードできるようにするとともに、履修科目を考えコースワークを支援する情報、研究室ローテーションの受け入れ先情報、さらに２年次や４年次、最終年次に実施する資格審査の審査基準を閲覧できるようにした。2017年12月現在でのホームページを図３-７に示す。このホームページには、留学生向けに、英語版を貼付している。情報共有の手段としてFacebookにも同様のページを持ち、教職員、履修生の間での活用の場とした（図３-８）。

第3章 リーディング大学院採択からカリキュラム編成へ

図3-7 ホームページ（2017年12月）

39

図3-8　Facebook（フェイスブック）

(2) ロゴの決定

本プログラムのロゴのデザインを外注（株式会社ゼニス）して作成した（図3-9）。

複数の候補の中から、大阪府立大学のスクールカラーであるブルーを基調として、身体が飛び跳ねている、飛翔を表現したものを採用した。本プログラムの関連イベント、書類などに使用し、本プログラムの支援室に所属する教職員の名刺や、履修生がビジネスコンテストなど、学外で活動する際に使用する名刺にも刷られている。

図3-9　本プログラムのロゴ

（3）ビデオ映像の作成

　履修生勧誘のため学生へ向けたSiMSの概要紹介と印象付け、学内教員や文部科学省関係者にはプログラムの紹介PRを目的として、約3分間のPRビデオを作成し、本プログラムの行事の折に流したり、学生食堂で放映した。内容としては、大阪府立大学の先端的技術の紹介、履修生の活動内容と抱負、さらには学長インタビューや、履修生の活動風景の写真などを用いた。

【参考文献】
1） Barr, Baker, Markham and Kingon　BRIDGING THE VALLEY OF DEATH: LESSONS LEARNED FROM 14 YEARS OF COMMERCIALIZATION OF TECHNOLOGY EDUCATION, Academy of Management Learning and Education, Sept. 2009
2） Angus I Kingon, Russell Thomas, Stephen K Markham, Lynda Aiman-Smith, and Roger Debo, An Integrated Approach to Teaching High Technology Entrepreneurship at the Graduate Level, Proc. of the 2001 American Soc. for Engineering Education Annual Conference

Column 2

SiMSを振り返って

「システム発想型物質科学リーダー養成学位プログラム（SiMS）」のプログラム担当者として携わって、4年半が経ちました。本プログラムは、物質科学分野において産業界を牽引するグローバルリーダーを育成することを目的としたプログラムです。当初、バイオ系の学生には畑違いで、少々厳しいカリキュラムかもしれないと思っておりました。しかし、「物質（もの）」を研究開発するためには、「システム（こと）」を理解しなければならないという考え方は、全ての研究領域に通じるものであり、我々バイオ系の教員がまず本プログラムの目指す「こと」を理解し指導できれば、学生にも決してハードルの高いカリキュラムではないということが見えてきました。

リーディング大学院履修生募集の初年度、研究室に配属していたI君（当時4年生）に、本プログラムにチャレンジすることを勧めました。彼は非常に優秀な学生であるにもかかわらず、経済的理由で大学院への進学を諦めておりました。しかし、本履修生に採用されたことにより、博士前期課程から博士後期課程までの5年間の経済的支援を受けることが可能になり、研究に集中できる環境が整いました。また、多様なバックグラウンドを有した個性の強い履修生たちと議論することにより、多くの良い刺激を受け、人間的にも成長しました。3ヶ月の研究室ローテーション（北海道大学薬学部）により、内気であった彼が積極的な性格に変貌を遂げ、外部環境へ出ていくことに対する精神的なハードルを下げることができました。また、学外の研究室で異分野の研究に取り組むことにより、自身が現在取り組んでいる研究をシステム分解し、俯瞰的に捉えることができ、以後の研究方針を合理的に決定することができました。さらに、指導教員の私には相談できないことも気軽に相談できるメンターの先生方の存在は絶大で、彼を含めた履修生にとって大きな心の支えになったようです。

SiMSは、一人の学生の人生を大きく変えました。私はそばでそれをじっくり観察することができました。D3になった彼は今、6名の学生を束ねるプロジェクトリーダーとして頑張っています。彼の人生が本当に良い方向に変わったか否かは、就職して社会へ出た後も観察を続ける必要がありますが、少なくとも本プログラムは、やる気溢れる優秀な学生たちの期待に応えることができる素晴らしいプログラムであったと言えるのではないでしょうか。

プログラム副コーディネーター

大阪府立大学大学院　生命環境科学研究科　教授

乾　隆

第4章

プログラム開始から教育内容定着へ

4.1　1期生の選考

　選考試験の内容、評価方法などを決め、教員、学生への広報活動の成果もあって、2月第1週の応募期間にかなりの人数からの応募があった。3月初めに選考試験を実施することは決定しており、準備を進めてきたが、具体的な進め方や詳細内容など、いろいろと詰めなければならないことも出てきた。1つには、広報活動の成果もあって応募人数がかなりの数となり、選考試験を2組に分け2日間実施することが決まり、試験官の人数も多く必要となった。小論文の試験立ち会いと審査および口頭試問の試験官はプログラム担当の大学教員が担当するが、3月は博士前期課程および博士後期課程の審査が相次いで行われる時期でもあり、必要数の試験官および予備メンバー（インフルエンザなどの予期せぬ場合に備え）の都合を調整するには相当苦労を要した。また当初面接試験は企業幹部出身者のメンターが行う予定であったが、教員が1名立ち会った方が良いだろうということになり、この立ち会いの教員も含めると多数の教員を動員することとした。

　面接試験を行うメンター2組6名の中では、2組の間で面接内容や採点基準が違っていると学生への不公平になりかねないとの意見が出たため、面接試験での質問は、必須の項目をあらかじめ定め、2組のどちらでも質問内容が同じになるよう準備した。質問に対する学生の応答に

43

よっては追加の質問も必要となるが、そこは試験官に任せた。また、留学生を対象とする英語での面接試験の準備も行った。

　実際に選考試験を実施してみると、一部の教員は学生の今までの学修・研究の内容を重視し、リーディング大学院に入ってからの伸びしろの可能性についての評価が不十分であることが分かった。選考試験としては、アドミッション・ポリシーに従って、学生の専攻分野での研究だけでなく、考え方の柔軟性や、グローバルリーダーへの意欲、産業界での活躍への心構えなどが評価されるべきである。そこで2年目からは、資格審査委員会の教員が、選考試験の教員間での意思統一と評価基準について説明することにした。また、履修生募集要項をよく読めば、選考試験での小論文の内容はおおよそ見当が付くことから、十分に小論文の準備をしてきた受験生と、小論文対策をそれほど準備してこなかった受験生とで、相当な差がついた。事前に選考試験受験について支援室に積極的に相談に来た学生や、2年目以降では第3章3.3に記載したSiMS Cafeに来た学生には小論文などへの準備を伝えたが、全員に伝わったわけではない。

　受験資格として博士前期課程1年在籍の学生も含めたので、選考試験には学部4年生（B4）と博士前期課程1年生（M1）とが混在することになり、試験結果はB4とM1とでは明らかに差が出た。これは今までの研究の時間、経験が違うために、口頭試問での発表に差異が出たものである。そこで1年目の試験では、受験生の母集団B4とM1の中で別個に偏差値を計算し、試験合格ラインを資格審査委員会での議論で決めた。2年目以降は、あらかじめM1での合格者枠を決めた上で、1年目と同様に偏差値を計算し、必ずしも枠にこだわらないものの参考にした。

　特異な例としては、日本語レベルが十分でない留学生が、留学生として受験せず、一般学生と同じように受験し、小論文がほとんど記述でき

44

ていなかったことがあった。また、博士前期課程に入学予定の社会人が受験し、口頭試問で説明できるような研究内容がほとんどないため選考から外れた例も出た。これらの例から、次年度以降は十分考慮することになったが、最初から考慮しておくことは難しかったと言える。

4.2　プログラムの開始と5年一貫プログラムの節目

いよいよ1期生20名を迎えてのプログラムが動き始めるといろいろな課題も目に付くようになり、走りながら修正できるところは修正したが、2年目以降にいくつかの変更を加えることも出てきた。教員の努力により短い期間でシラバスは出来上がったが（カリキュラムの詳細は第5章参照）、少し準備不足でもあり、初めて実施するいくつかの演習については思ったようには円滑に進まないなどの問題も浮上した。例えば、

（a）インターディシプリナリー科目群の一部が準備不足だったために、初年度は物質系やシステム系の大学院向けカリキュラムの内容を一部流用したが、専攻が異なる学生にとっては難しすぎて、入門プログラムというには不適切であり、次年度以降改善を要した。

（b）戦略的システム思考力演習は、初めて試みるカリキュラムであり、物質系の学生にどのようにしてシステム思考を理解させうるかは、挑戦的な課題であった。そのため、1年目は4月の開始から11月までを要し、指導する教員や、メンターだけでなく、学生にとっても過大な負荷となった。2年目からは8月で閉講する演習としたが、システム思考を理解させる演習としては依然挑戦的課題である。

（c）SiMS特別研究（研究室ローテーション）の受け入れ先として、多くの研究室に受け入れの許諾、受け入れた時の研究内容などの

紹介記載の書類作成依頼にかなりの労力と時間を要したが、結果的にはプログラム担当教員のほとんどの研究室（52件）で受け入れることになった。

（d）博士前期課程の学生はそれぞれの専攻の2年間で必要な講義単位数のほとんどを1年次（M1）で、履修するのが常態である。その上に、リテラシー科目群などのリーディング大学院の科目を履修することになる。初年度では、特にリテラシー科目群である哲学やグローバルコミュニケーション演習を土曜日に配置したこともあり、毎週の予定が非常に過密になってしまった。2年度以降夏季休暇中の集中講義にするなどの対策をとった。

　本プログラムでは、口絵1の図にあるように、5年一貫となるカリキュラムを備えている。カリキュラムの詳細については、第5章で述べるが、5年間のプログラムを時系列として特徴を述べると下記のようになり、節目では2回の中間試験と最終試験を実施する。

（1）博士前期課程（修士2年間）

　特徴的なプログラムとして下記のカリキュラムがある。

（a）リテラシー科目群

　　哲学、MOT基礎などの基本的な教養科目を学ぶ。

（b）「物質科学基礎科目群」と「システム系基礎科目群」の相補的受講

　　物質系専門課程の学生はシステム系科目を、システム系専門課程の学生は物質系科目を履修する。

（c）戦略的システム思考力演習

　　アイディエーション科目群として、システム発想を用いた課題の分析・解析力を学ぶとともに、デザイン思考についても学ぶ。

（d） SiMS特別研究（研究室ローテーション）

3ヶ月間、専門分野と異なる研究室での学習・研究を行うことにより、分野・階層横断的研究力の養成を図る。

（e） グローバルコミュニケーション演習

コミュニケーション能力を主体とした、実践的な英語のトレーニングを行う。

これらの科目を通じ、第2章 2.2 に記載したディプロマ・ポリシー実現のために必要な素養の基礎である物質科学マネジメント能力、国際力、デザイン力、システム発想型課題設定力などを養うこととしている。また履修生が効率良くプログラムを受講できるよう、企業幹部出身者のメンターが相談に乗っている。

(2) QE試験（Qualifying Examination）

履修生の中間評価試験として、博士前期課程2年次の1月ないし2月に、それまでの学修、プログラム内容での育成進捗状況を評価する試験として、QE試験（Qualifying Examination）を行う。

試験項目としては、

① リーディングプログラムでの、1、2年次の必修科目を履修し、単位を取得していることを前提とする。

② ディプロマ・ポリシーから導出される表4−1の項目の中で、② ③ ④ ⑦ をベースに事前に公開した課題についての小論文を2000字以内で作成し提出する。この論文による書類審査を行う。

③ 評価項目② ③ ④ ⑦を踏まえ、専攻研究を進めてきた内容やプログラムの履修から得た素養について、プレゼンテーションと質疑応答による面接審査を行う。

表4-1　ディプロマ・ポリシーから展開した評価項目

ディプロマ・ポリシー	展開した能力項目（評価項目）
物質科学の専門分野をリードできる確固とした物質科学基礎力	①物質科学基礎力
システム的発想から階層融合的に研究戦略を構築できるデザイン力	②システム的発想から研究を俯瞰する力
	③階層融合的に研究戦略を構築できるデザイン力
基礎的研究を産業的イノベーションへ結びつける突破力とそのマネジメント力	④基礎的研究と産業的イノベーションを結びつける突破力
	⑤基礎的研究と産業的イノベーションを結びつけるマネジメント力
自らの発想を世界に根付かせるリーダーシップと国際発信力	⑥自らの発想をグローバルに波及させることができるリーダーシップ力
	⑦自らの発想をグローバルに波及させる国際発信力

　表4-1の評価項目の中で、①物質科学基礎力については、専攻する博士前期課程での修了（修士の取得）をもって評価とし、QE試験の評価項目から除外している。

　評価の具体的方法としては、巻末付録5に示す、ルーブリック評価を用い、試験採点者による差異を極力少なくし、公平な採点を期した。しかしながら、1期生向けのQE試験では、一部の教員が履修生の研究内容を主に評価したことから問題となり、選考試験の場合と同様に、事前に評価基準などの説明を試験採点者に行うことにした。

　このQE試験の成績により、その後の奨励金の金額が決定するので、学生にとって大変重要な試験となっている。

(3) 博士後期課程（博士3年間）

　博士前期課程のプログラムでまだ十分な素養が得られていないと思われるマネジメント力、デザイン力、基礎研究を産業的イノベーションに結びつける突破力、グローバルなリーダーシップ、ビジネス展開力などを養成するためのカリキュラムを組んでいる。

（a）グローバルリーダー演習（海外留学）

　　産業界をグローバルに牽引する高度研究者に求められるさまざまな素養とそれを実践応用する能力の体得を目的に、3ヶ月間の海外留学の機会が与えられる。

（b）アントレプレナーシップ科目群

　　国際アイディエーション演習やマーケティング演習、さらにベンチャービジネス演習、リーダーシップ演習などを通じて、マネジメント能力、ビジネス展開力、グローバルリーダーの素養を学ぶものである。

　初年次でのカリキュラム編成で苦労した点を先に述べたが、初年次での課題の調整が一段落すると、次にM2で入った1期生が博士後期課程に進学する時期となり、海外留学の手続きや、いくつかの演習、カリキュラムの整備を時間的余裕があまりない中で進めることになった。

　博士後期課程では、選択科目として、国際アイディエーション演習や物質システムビジネス概論などのカリキュラムを受講することもできるし、本章4.3に記載する科目外の各種演習を選択することで本プログラムが目標とする素養を広げることもできる。また企業での活躍の準備として、短期あるいは長期での企業インターンシップもこの期間が対象となる。

(4) PD試験（Pre-Defense）

　博士後期課程2年次修了前の時期に、本プログラムで付加する素養、考え方などがおおよそ身に付いたかどうかを、最終のDefense試験に先立って審査するのがPD試験である。主に、ディプロマ・ポリシーに記載の素養を身に付けるために、どのように自らのキャリアプランをデザインし、目的を達成しようとしているかについて、

①事前に公開された課題に対する小論文による書類審査と、

②小論文の内容をベースにしたプレゼンテーションと質疑応答による面接審査により審査する。

　表4-1の②から⑦までの項目についてのルーブリック評価点（巻末付録6）により、100点満点で60点以上を合格とし、不合格者については、再試験を行う。また、QE試験の結果決まっていた博士後期課程の奨励金についても、このPD試験で見直すことになっており、その後の1年間の奨励金が決まる。

（5）Defense試験

　博士後期課程の修了前の3年次に、リーディングプログラム履修を最終的に評価するための試験であり、この試験に合格すると、それぞれの専門課程での博士号の学位記に「システム発想型物質科学リーダー養成学位プログラム修了」が付記される（巻末付録17）。

　この試験では、リーディングプログラムを履修して自身の研究の幅がどのように広がったか、リーディングプログラムが目指す人物像に自身が近付いたと思うかについてのプレゼンテーションと質疑応答による面接審査を行う。ルーブリック評価に従い採点し、合計点が100点満点で66点以上を合格とした。

　このように、5年一貫のプログラムの要所にチェック機能を設けるとともに、ディプロマ・ポリシーで目標とする素養を獲得するために体系的にプログラムを構成している。

4.3　優れたサポートシステムによる教育内容定着へ

　本プログラムでは、特徴あるカリキュラム（詳細は第5章参照）を用意するとともに、それぞれの履修生の専攻分野での指導教員と連携を持った企業幹部出身者のメンターによる指導を行う。このサポートシステムにより教育内容の実効を上げるとともに、ディプロマ・ポリシーの実現を目指す。

（1）企業幹部出身者による個別メンター制度

　メンター（巻末付録7）によるプログラム履修、自主共同研究計画策定に際してのアドバイスや、研究室ローテーション先の選定、海外留学の準備など、包括的サポートを受けることができる。

（2）大阪府立大学および大阪市立大学の教員による幅広いサポート体制

　両大学では本プログラムに関係する研究分野、17専攻の55名がプログラム教員として登録されており、プログラム全体の企画推進会議や、資格審査委員会のメンバーとしての活動を通じ、大学や専攻の分野を超えて履修生のサポートにあたっている。また多くのプログラム教員は、研究室ローテーションの受け入れ先としても登録されており、分野・階層横断的研究力の養成のための指導を行っている。

（3）企業インターンシップならびにキャリアパス支援の制度

　多くの博士研究者を産業界に送り出すための活動を長年行ってきた、「高度人材育成センター」から企業インターンシップ先の選定や個別のキャリアパス設計などに関するサポートを受けることができる。インターンシップに必要な契約内容や派遣条件などは、インターンシップ派遣実績の経験豊富な高度人材育成センターに一任することが可能となる。

（4）海外研究留学サポート

　必修科目であるグローバルリーダー演習で３ヶ月間の海外留学の機会が与えられるが、その費用（旅費、滞在費など）は、奨励金や自主共同研究費とは別に支援される。また、留学目標の設定、留学先の決定などに関してメンターによるサポートを受けることができる。

4.3.1　メンタリングによるキャリア形成

　５年一貫のプログラムの中で、継続的に履修生のキャリアデザイン構築を指導していくことが教育内容の定着にとって重要と考えている。特に本プログラムでは、研究主体の博士人材を育成するだけでなく、産業界において活躍できる人材養成に注力している。そのため企業幹部出身者のメンターに履修生の担当を振り当て、大学院での研究および教育のあり方を熟知した上で、企業経験者としての目線を活かしてそれぞれの履修生のキャリアデザイン構築のためのサポートを継続的に行っている。

　キャリア形成の第一歩は５年間の行動計画を自ら作成できることと考え、そのためにプログラムの初年度から履修生全員に「５か年計画」（図４−１）および「単年度計画」を作成することを求めている。両計画を基本にして年間複数回のメンタリングを個別に行い、自らの現状を認識させるとともに、将来の進路について継続的に考えることができるよう教育している。

　もちろん初年度から自身の５か年計画や単年度計画が明確に描けるものではないが、数回のダイアログによるメンタリングを実施することで、５か年計画の作成ができるようになり、自らのキャリアを描くことができるようになる。この５か年計画作成のレベルアップ状況を例を用いて記載する。多くの履修生が初年度に提出する「５か年計画」の代表的な例を図４−１に示す。横軸に５年間の時系列を示し、縦軸の上部に研究活動に関する、研究計画・学会発表・論文発表計画など、主専攻の

研究活動の概要を記入する。その下に本プログラムに関する特徴的な内容である研究室ローテーション、グローバルリーダー演習（海外留学）・企業インターンシップなどの計画、最後に全体を俯瞰してメンタリング計画を記入する。主専攻についての計画は主専攻の指導教員が担当するが、履修生が年度ごとの重点取り組みを明確に意識するように、メンターとのダイアログの中にも含ませている。

　図4-1を見ると、初年度の主専攻の研究計画や学会発表についてはある程度記入されているが、次年度以降の研究計画やスタートしたばかりの本プログラムの主要カリキュラムの予定については、予想以上にほとんど何も記入されていない。この提出された計画をもとにメンターとダイアログすることで、初めて主要カリキュラムの計画を意識できるようになるが、その際できる限り履修生自身がキャリアデザインできるように検討し記入するよう指導している。

研究計画書（5年一覧）	1年次				2年次				3年次				4年次				5年次			
	4-6	7-9	10-12	1-3	4-6	7-9	10-12	1-3	4-6	7-9	10-12	1-3	4-6	7-9	10-12	1-3	4-6	7-9	10-12	1-3
研究計画	フラグメント抗体を用いた高感度化 炎症反応マーカーCRPのイムノアッセイ His-Tagによる抗体固定を意図したGO修飾 CRPのイムノアッセイの高感度化																			
学会発表	第74回分析化学討論会(5月) ぶんせき輪帆(8月) 日本分析化学会第63年会(9月) μ-TAS(10月) CHEMINAS30(12月) 日本化学会年会(3月)				ISMM ぶんせき輪帆(8月) 日本分析化学会第64年会(9月) μ-TAS(10月) CHEMINAS32(12月) 環太平洋国際化学会議(12月) 日本化学会年会(3月)				第78回分析化学討論会(5月) ぶんせき輪帆(8月) 日本分析化学会第65年会(9月) μ-TAS(10月) CHEMINAS34(12月) 日本化学会年会(3月)				ぶんせき輪帆(8月) 日本分析化学会第66年会(9月) 日本化学会年会(3月)				CHEMINAS37(5月) ぶんせき輪帆(8月) 日本分析化学会第67年会(9月) μ-TAS(10月)			
論文発表計画	一報目				二報目				三報目											
研究室ローテーション																				
グローバルリーダー演習 （海外研究）																				
TEC-II （企業インターンシップ）																				
メンタリング計画																				

図4-1　本プログラム初年度に提出された「5か年計画」の例

1年間のメンタリングによる指導の後、次年度に入って同時期に提出された「5か年計画」を図4-2に示す。この例を見れば、主専攻の研究計画や学会発表など具体的に記入され、かつ5年にわたって内容も充実していることが分かる。また、論文発表計画についても博士号取得に向けて筋道を考え始めている。1年間で研究内容や研究の進め方が分かってきたことが大きな影響を与えていると思われるが、ビジブルな計画表を作成することで全体が俯瞰できるようになっている。

　加えて本プログラムの教育の柱である「研究室ローテーション」「グローバルリーダー演習（海外留学）」「企業インターンシップ」などの主要なカリキュラムについても、在籍する5年間を俯瞰して計画することができるようになっている。また最終の「ゴール」や「ねらい」から逆算して計画的に実施時期を設定することができ、密度の濃い活動が可能になる。さらには各取り組みについて相互に関連した活動ができる

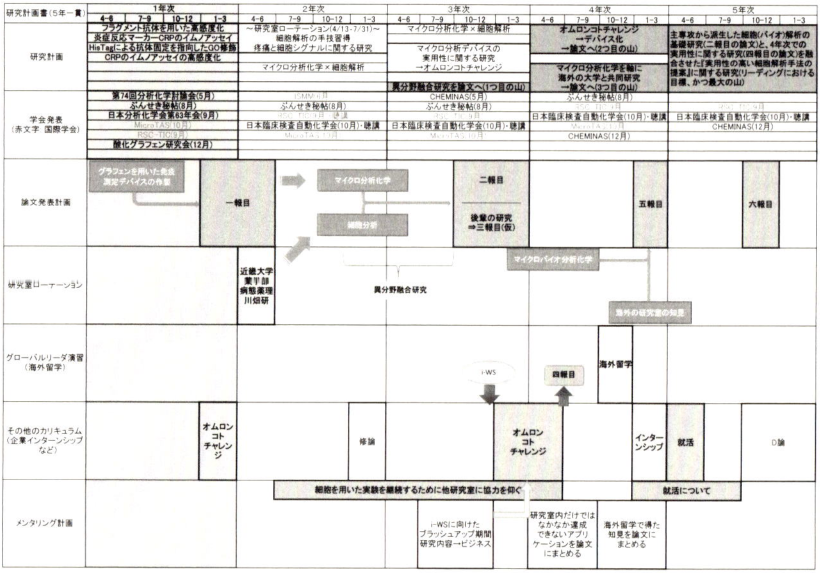

図4-2　本プログラム2年目に提出された「5か年計画」の例

だけでなく、相乗的に素養を高められるようになり、最終的には就職活動を意識した取り組みができる。

2年間のメンタリングを通じ、全ての履修生がおおむね5か年計画が描けるようになり、自らがキャリアをデザインしながらその実現のために必要な素養を身に付けることができるようになる。この5年一貫のメンタリングの中で、現在の自分の立ち位置や得手不得手などが次第に分かるようになり、自らの特徴を活かすべく本プログラムで身に付けたい素養について、どのようなカリキュラムを修得すべきか考えることが可能となる。加えて将来の方向を見据えながら逆算し、いつ頃どのようなプログラムを履修すべきかを考えることができるようになる。

4.3.2　履修生自らのコースワークによるキャリアデザイン構築

5か年計画を基本にして計画的かつ継続的に素養を高めることができるようになると、次に大事なこととして「素養を高めるために修得すべきカリキュラムを自らコースワークする」ことである。自ら履修すべきカリキュラムを選択する「コースワーク」を実行することで、個性に合った多様なキャリア形成が可能になる。このことは将来社会に出た時においても極めて有効なキャリアデザインの基本になる。

本プログラムの目的として履修生が身に付けるべき素養としている以下の4つの主要項目を基本的な指標としてコースワークを考えた。

1）企業マインドとリーダーシップ
2）異分野融合
3）グローバルリーダー
4）システム発想、アイディエーション、アントレプレナーシップ

履修生は、ディプロマ・ポリシーの展開として、この4項目の修得が目標であることは理解できているが、どのようなカリキュラムを履修す

ることでコースワークを考えれば良いのかは分かりにくく、必ずしも理解できていないことがメンタリングで見えてきた。そこで、本プログラムのカリキュラムを上記4項目に整理して「カリキュラム相関図」（図4-3）を作成し、コースワークを考えやすくした。

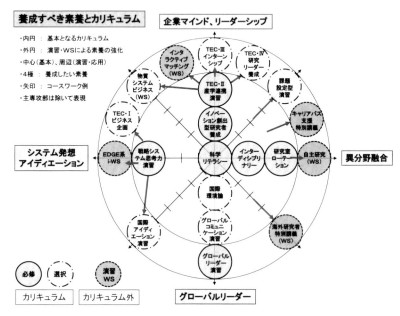

図4-3　養成すべき素養とカリキュラムの相関

履修生にとってコースワークを考える際には、まず自身の特徴や素養を自ら認識することから始めることが重要である。履修生が本プログラムに入ってきた当初に有している素養は、各人によって大きく異なり、また将来高めたいと考えている素養についてもそれぞれのキャリアデザインによって異なっている。いわゆる多様性を有しており、履修生によって大きく異なるものである。さらには自分自身が得意と思っている素養や不得意と感じている素養など、他者から見ると、必ずしも合って

いないこともある。また、現状の認識に曖昧さが残り、将来の目指すべき目標についても明確に語れる状況になっていないのが普通である。このような曖昧な状態を確かなものにしていくために、メンターと履修生が5年一貫のメンタリングの中で時間をかけてコースワークを築き上げていくようにしている。教育内容を確かなものとする上では重要な取り組みであると考える。

　図4-3に示した4つの素養については、もちろん全ての項目が満点になる必要はなく、履修生自身のキャリアデザインに基づいた内容にマッチングさせるべきものである。この図を使うことにより、履修生それぞれがカリキュラムのコースワークの状況がよく分かるようになる。図4-3では——に囲まれた円は必修科目であり、主に1、2年次で履修することによって、一通り4項目の素養が身に付く構成となっている。しかしながら3～5年次においては、—・—の円で示された選択科目が多くなり、履修生はこれらの選択科目を必ずしもコースワークに組み入れていない。必要な素養を継続的にレベルアップして身に付けていくためには、教育プログラム全体での工夫とメンタリングによるサポートが必要となる。特に4項目の中には選択科目が少ないものもあり、カリキュラム相関図として見ることによって、追加のカリキュラムを考慮する必要も考えた。一方で履修生は、それぞれの専攻部門で履修するカリキュラムもあり、3～5年次では博士論文の研究で忙しいことを考えると、これ以上のカリキュラムの追加は簡単ではなく、カリキュラム外での対応を考えることにした。

　そこで注目すべきは、図4-3の----の円で示されている、主に演習中心のワークショップ（WS）や特別講義の履修である。これらの演習中心のカリキュラムは通常のような16コマを必要とするものではなく、期間を決めて集中的に授業を行うことで履修生が柔軟に履修できるような構成になっている。そこで本プログラムで準備する必修科目と選択科

目だけでなく、科目外の演習・特別講義の位置付けを考えて、素養を継続的に高めるために履修生自らが「コースワーク」を設定することを指導している。図4-3の━━ がコースワークの流れであり、履修生自らがコースワークを行うことによって、自身の目的に合った素養を継続的に修得することができる。演習・特別講義などのカリキュラムは単位取得にはならないが、3～5年次での継続的な素養の獲得に向けた活動として捉えることができる。これらの科目外の活動は、QE試験やPre-Defense試験およびDefense試験での評価項目にも盛り込まれている。このように多様性を有する履修生に対して、本プログラムで修得すべき素養を、履修生自身がコースワークできるよう指導し、必要とされる素養を身に付けさせることが可能となり、本プログラムの教育内容の定着を目指している。

4.3.3　予算管理能力の指導

　第3章3.5で記載したように、履修生には自主共同研究費が支給される。学生として、今までこのように支給されるお金を管理する、すなわち予算計画を作成し、実際に使用する時にはルールに基づいた手続きを行うなどの経験はしたことがない。このような管理能力は実社会に出てからはどのようなキャリアにおいても必要なことであり、ここでもメンターによる指導によって最低限必要なことを学んでいる。

　年度のはじめに、本章4.3.1で記載した「5か年計画」と「単年度計画」を作成した後、これらの計画に基づいた1年間の自主共同研究費の使用予定、すなわち予算計画書(年度予算)を提出する。行動計画と予算計画とをリンクして作成することになる。図4-4は2年次の履修生の自主共同研究費の予算計画書例を示している。この図のフォーマットで分かるように、予算計画書では、予算の目的区分を明確にすることで、自主共同研究費をどのような項目において使用して良いかを把握できる

ようにしている。１、２年次では予算上限が20万円であることから、国内学会への旅費、参加費と自主共同研究のため活動費が主であり、国際学会に参加するチャンスがある場合は、それだけで予算の全てを占めてしまうことになる。学会に参加する費用とする場合は、学会の名称、開催地、必要費用などを記入する。図４−５は４年次の履修生の例を示している。

平成28年度　自主共同研究費活動計画（申請）

支給額	残額
200,000	0

LP学年	LP履修番号	氏名
2	LP1609P	

★行が足りない場合は、適宜増やしてください

計画番号	使用月日	件名	金額	残額	目的区分	詳細
1	2017/11/14	国内学会費用	55,000	145,000	B1	第58回電池討論会　場所　福岡　11/14-16
2				145,000		参加費　5000円　旅費　30000円　宿泊費　20000円
3	2018/3/15	国内学会費用	68,000	77,000	B1	日本セラミックス協会2018年年会　場所　東北大学　3/15-17
4				77,000		参加費　3000円　旅費　45000円　宿泊費　20000円
5	2018/3/?	国内学会費用	52,000	25,000	B1	電気化学会第85回大会　場所　東京理科大学
6				25,000		参加費　2000円　旅費　30000円　宿泊費　20000円
7		書籍購入	25,000	0	A2	自主研究のために必要な書籍の購入
8				0		
9				0		
10				0		
11				0		
12				0		
13				0		
14				0		
15				0		
16				0		
17				0		
18				0		
合計			200,000	0		

【目的区分一覧】　A:研究費 B:旅費

入力欄	内容
A1	複数の履修生による異分野融合を意識した研究の経費（消耗品）
A2	（リーディングの趣旨に沿った）書物、雑誌の購入
A3	「研究室ローテーション」「インターンシップ」における消耗品（　　　　）
B1	国内・国外の学会参加費、旅費
B2	（リーディングの趣旨に沿った）シンポジウム、セミナーへの参加費、旅費
B3	必須科目「研究室ローテーション」、「グローバルリーダー演習」のカリキュラムに係る旅費

【目的区分別集計】　A:研究費 B:旅費

	小計	中計
A1	0	
A2	25,000	25,000
A3	0	
B1	175,000	
B2	0	175,000
B3	0	
合計		200,000

図４−４　２年次の自主共同研究費管理書（予算計画）の例

平成29年度　自主共同研究費活動計画（申請）

支給額	残額
400,000	0

LP学年	LP履修番号	氏名
4	LP1406P	

★行が足りない場合は、適宜増やしてください

計画番号	使用月日	件名	金額	残額	目的区分	詳細
1	8月20-24日	(ISN) - the European Society for Neurochemistry (ESN) Meeting 参加費用	232,000	168,000	B1	2017年8月20-24日、パリで開催される学会に参加（参加費3.2万円、交通費15万円、宿泊費5万円）
2	9月7-9日	第60回　日本神経化学会大会　参加費用	43,000	125,000	B1	2017年9月7-9日、仙台で開催される学会に参加（参加費3千円、交通費2万円、宿泊費2万円）
3		消耗試薬購入	125,000	0	A1	自主共同研究に使用する試薬の購入（染色キット1点7.5万円、抗体1点5万円）
4				0		
5				0		
6				0		
7				0		
8				0		
9				0		
10				0		
11				0		
12				0		
13				0		
14				0		
15				0		
16				0		
17				0		
24				0		
合計			400,000	0		

【目的区分一覧】　A:研究費 B:旅費

入力欄	内容
A1	複数の履修生による異分野融合を意識した研究の経費（消耗品）
A2	（リーディングの趣旨に沿った）書物、雑誌の購入
A3	「研究室ローテーション」「インターンシップ」における消耗品（　　　　）
B1	国内・国外の学会参加費、旅費
B2	（リーディングの趣旨に沿った）シンポジウム、セミナーへの参加費、旅費
B3	必須科目「研究室ローテーション」、「グローバルリーダー演習」のカリキュラムに係る旅費

【目的区分別集計】　A:研究費 B:旅費

	小計	中計
A1	125,000	
A2	0	125,000
A3	0	
B1	275,000	
B2	0	275,000
B3	0	
合計		400,000

図４−５　４年次の自主共同研究費管理書（予算計画）の例

この例のように、3〜5年次では、予算上限が40万円となることから、国際学会に参加するだけでなく、履修生が実施している自主共同研究の費用も計上している。さらに予算を実行に移す時には、それぞれの指導教員の認可を受けた上で、担当のメンターのチェックも受けるといった、予算執行決済の手順を踏むことにしており、図4-6に示す例のような承認書のフォーマットを使用する。さらに学会などへの参加の後、図4-7に示す報告書を提出する。

　このように本プログラムでは、履修生自身が行動計画と予算計画の両方を作成し、自主共同研究費を確実に管理できるよう指導を行っている。予算計画書を作成することにより、セミナーや異分野研究会などへの参加および自主共同研究活動推進のための費用計画などをしっかり考える機会となり、予算執行時のルール厳守とともに、将来企業に入ってリーダーとして活躍するためのマネジメント能力を身に付けることができる。

第4章　プログラム開始から教育内容定着へ

リーディングプログラム履修生　国内旅行承認願

申請日：	平成 29 年 11 月 15 日		**計画番号**	10	**管理番号**		3
LP学年	2	LP履修番号	LP1606P	氏名		学籍番号	
専攻・分野	工学研究科		航空宇宙海洋系専攻		航空宇宙工学分野		
連絡先		担当メンター		運営統括		承認　㊞	

指導教員 （承認者）		㊞	**承認日**	平成 29 年　11 月　15 日

旅行期間	平成 29 年 12 月 13 日 ～ 平成 28 年 12 月　14 日　　　　　　1 泊　2 日			
用務内容	□会議出席　　□学会出席　　□研究打合せ　　□資料収集　　■シンポジウム　　□事務連絡　　□その他			
用務詳細	「じっくり聴く 学際領域としてのトライボロジー（見学付き）」－科学・技術による産業への貢献 その難しさとやり甲斐－			
用務先	東京理科大学 葛飾キャンパス			
住　所	東京都葛飾区新宿6-3-1			
宿泊先 ホテル	(ホテル名)	Shibamata FU－TEN Bed and Local		
	(住所)	東京都葛飾区柴又7-12-19		

	出 発 地	□大学　　■自宅　　□その他（　　　　　　　　　　　　　）			
	帰 着 地	□大学　　■自宅　　□その他（　　　　　　　　　　　　　）			
	自宅住所				
	利用交通機関	経　路	運　賃	運　賃（円）
用務地ま での経路	大阪市営地下鉄	八尾南～東梅田	■往復・□片道	640
	JR京都線	大阪～新大阪	■往復・□片道	0
	JR新幹線	新大阪～東京	■往復・□片道	23,740
	JR上野東京ライ	東京～北千住	■往復・□片道	0
	東京メトロ	北千住～金町	■往復・□片道	0
		～	□往復・□片道	
		～	□往復・□片道	
	①用務地までの交通費 計（円）			24,380
その他 交通費	用務地での移動交通費として「1日1,000円×日数分」支給できます。 必要な日数分を入力してください。不要の場合は入力しないでください。		日　②	0
宿泊費	実費支給。ただし上限があります。甲地方：8,700円 乙地方：7,600円 （地方区分については、別紙「旅費区分表」を参照。）		③宿泊費（円）	4,860
④ 旅費・宿泊費合計(①+②+③)（円）				29,240

学会参加費	学会参加費を支払う場合は、入力してください。	⑤学会参加費（円）	10,000

※宿泊費、学会参加費は領収書が必要です

現在残額	160,364	使用予定額 (④+⑤)	39,240	予算残額	121,124
予算科目	K10101010101 （政府）教育補助金等	プロジェクト名	1624200700　H28学生研究費・旅費分（リーディング）		

※旅行後、使用した金額に変更がある場合は、報告書提出時に金額訂正してご提出ください。

図4-6　自主共同研究費執行時の承認書例

リーディングプログラム履修生　国内旅行報告書

申請日：	平成 29 年 11 月 15 日		計画番号	10			3
LP学年	2	LP1606P	氏名	0			学籍番号 0
専攻・分野	工学研究科		航空宇宙海洋系専攻		航空宇宙工学分野		
連絡先		担当メンター		運営統括		承認 ㊞	
指導教員 （承認者）	0	㊞		平成 29 年 11 月 15 日			

★旅行後、報告書を指導教員と支援室、メンターに提出してください。

旅行報告書			
報告日	平成29年12月18日	主な応接者	
用務の概要	(2500字内) 東京理科大学で行われた日本機械学会主催の講演会「じっくり聴く 学際領域としてのトライボロジー(見学付き) －科学・技術による産業への貢献 その難しさとやり甲斐－」に参加した. トライボロジーとは摩擦工学のことであり, その研究をされている東京理科大学の教授の佐々木先生が講演と, 同大学のトライボロジーセンターと佐々木研究室の見学を行った. 自分の主専攻では構造に含まれる不確定性を取り扱っているが, 将来的に摩擦の影響も考慮したいという思いがあり, 勉強のためにこの講演会に参加した. トライボロジーという分野は摩擦のモデル化ではなく, 摩擦が発生する原理の追及およびその特性の解析を主としていることから, 材料についての話や分子などのミクロなレベルの話が多く, 異分野の理解としていい経験となったと思う. 将来的に摩擦についてモデリングする際に, そのバックグラウンドに触れているのといないのとでは差が出てくるのではないかと感じている.		

※「用務の概要」欄には旅行先で行った研究等の内容が明確に分かるように記載してください。

図4-7　自主共同研究での旅行（学会）の参加報告書例

4.4　5年一貫プログラムの出口へのサポート

　本プログラムの特徴的な教育のねらいとして、産業界でグローバルに
リーダーシップが発揮できる人材の育成がある。履修生の中には、自分
のキャリアパスについて当初は考えが決まっていない者もいる。そこで
履修生それぞれの希望や特質を見ながら、継続的なメンタリングにより
キャリアパスを考え、将来の出口として産学官の分野において活躍する
ための準備を、教員とメンターが連携して支援している。

　特に産業界への就職については、5年一貫のプログラムであるため、
早い段階からいろいろなカリキュラムやイベントを通じて、自身の研究
テーマおよび資質と、企業が求める技術および人材とのマッチングを考
えることが重要となる。一方では企業活動における研究開発テーマはグ
ローバルな視点で大きく変化しており、折々に産業界の動向や企業が期
待する人材像などについて調べておくことも重要なキャリアプランとな
る。

　継続的なメンタリングの中では、特に下記のようなカリキュラムやイ
ベントへの参加を履修生に勧めている。

（1）インタラクティブ・マッチングと企業との研究者交流会

　高度人材育成センターが実施しているインタラクティブ・マッチング
や、第5章5.8で記載する選択科目、物質システムビジネス概論の一部
として開催する企業との研究者交流会は、履修生が企業人に自身の研究
内容を説明宣伝できる貴重な機会である。高度な研究を行う研究者とし
て、研究内容を異なる分野の人に分かりやすく説明できるということは、
産学官いずれかの分野で将来活躍する上で、大変重要な能力となる。ま
た企業に就職を希望している学生にとっては、就職活動の予行演習の意
味合いも持っている。これらの活動は希望者が参加できるようになって

いるが、メンターから見てプレゼンテーション能力のレベルアップが必要と思われる履修生には、強く参加を勧めている。参加実績などの詳細は第7章7.5.1に記載する。

（2）企業フォーラム（産業牽引研究人材育成フォーラム）

　企業との連携を深めるため、主だった企業の技術責任者および人事責任者を大学に招いて企業フォーラムの開催を企画した。第1回目は、本プログラムの内容を企業の方々に説明し、これからの進め方について意見を聞く場とした。第2回目以降は、履修生が研究テーマ・将来やりたいことについて発表した。またポスターセッションなどの交流は企業の考え方を学ぶチャンスであり、参加企業の方々からは企業としてどのような研究人材を期待しているのかを聞くことのできる貴重な機会となった。開催実績などの結果については、第7章7.5.2で記載する。

（3）インターンシップ

　カリキュラムとして第6章6.2.3に記載する企業研究特別演習があるが、履修生にとって、カリキュラムとして3ヶ月間のインターンシップに参加することは実質的に難しい。本プログラムの必修科目である、グローバルリーダー演習（海外留学）の3ヶ月間に加えて、インターンシップに3ヶ月間参加すると、専攻の研究が半年間止まってしまうことになり、両方に参加することは難しく、必修科目だけになりがちである。そこでメンターからは、2週間から1ヶ月間の比較的短期でのインターンシップを勧めている。科目としての単位認定はないが、企業で働くことを文字通り経験することは、自身のキャリアを見つめることになり、就職しようと考えている企業への自己PRにもなることから、大変重要である。

（4）企業の現役研究者の講演会

いろいろな人脈やチャンネルを通じて、学内では大学関係者だけでなく、企業の研究者の講演も実施している。国内外の研究者の講演を聴講することは、研究実績をすでに上げている研究者が、どのようなキャリアパスを歩んできたかを知ることができ、履修生が自身のキャリアパスを考える時に大変貴重な情報となる。

（5）企業への就職活動のサポート

最後に、就職活動を実際に行う時期になると、企業のOBである企業幹部出身者のメンターは、それぞれの企業での経験と人脈を有しているので、就職活動に際して、さまざまなアドバイスや、サポートを行っている。

Column 3

SiMSが変えたもの、変えていくこと

博士課程の先輩たちが、研究をやり遂げて大きく成長し、電気・電子、化学、機械、バイオ、情報などのさまざまな分野の企業に進出して活躍します。その姿に憧れた意欲ある後輩学生たちは、自分たちも産業界で活躍できる博士になるために進学したいと思うでしょう。そのような学生を預かった教員は産業界とも連携し、学生が俯瞰的視野を持って活躍できる人材へと育成します。また企業は、そのような優秀な博士学生を競って採用するのではないでしょうか。そして、そこで活躍する先輩の姿に憧れた後輩学生は……。私たちはこのような好循環を実現しようとSiMSへ繋がる種々の博士育成プログラムを推進してきました。

このような好循環が実現するためには教員の意識、学生の意識、企業の意識のどれもが変わる必要があります。しかし、これらが目に見えて変化し、好循環へと本当に回転し始めるには大きなエネルギーが必要です。私たちがプログラムに関わってきた間にどれくらい変わってきたでしょうか。企業が博士採用数を大幅に増やしてきたことが新聞記事にも出てきました。一方で進学者数を見てみると一進一退にも見えます。博士は使いにくいと思っている人事の方もいまだにおられるかもしれません。変化の兆しが見えてきたと同時に、簡単には変わらないな、という実感もあります。大きな輪が回転し始めるためには粘り強く継続的に努力を重ねてエネルギーを注いでいくことが必要なのだと実感します。

しかし、そのような中で確実に変わったと言えることがあります。それは実際にSiMSに参加した学生の未来、また直接、あるいは担当の学生を通してSiMSに関わった教員の意識ではないでしょうか。そしてSiMSの優秀な博士学生を採用した企業の現場だと思います。SiMS学生はさまざまに工夫されたプログラムを通して自分を大きく成長させ、未来を拓きつつあります。筆者自身も研究室で5名の学生をSiMSに預け、産業界を目指す優秀な博士学生がどれだけ大学に力を与えるかを知って意識が変わりました。2018年春、初めてのSiMS修了生が企業へ就職しましたが、その活躍が現場を通し、企業の意識を変えることでしょう。このような身近に感じる着実な変化が継続へのエネルギーになります。そして、続けることによって、やがて好循環が実現されていることに気付く日が来るのではないでしょうか。

SiMSの修了生や在学生の未来が拓かれ、SiMSに関わるスタッフや教員、そしてSiMSを支えていただいている企業の皆様の努力が今後も継続していくよう、関係の皆様には、引き続いてのご支援をいただきますよう、よろしくお願いいたします。

プログラム副コーディネーター
大阪府立大学大学院　工学研究科　教授
石原　一

第5章

特徴的なカリキュラム

　本プログラムのカリキュラム・ポリシー（教育課程編成・実施方針）を示す。

（1）「システム発想型物質科学リーダー養成学位プログラムが目指す学修成果」の達成を目的として、5年一貫の教育課程編成を行う。

（2）単一階層に閉じた発想からは決して具現化しないイノベーションをエレクトロニクス分野、エネルギー分野そして生命科学分野へと誘導できる「ものからことへの生きたリンク」を構築できる「システム発想型」研究リーダーを養成する。単に出口を見据えた研究手法を有する研究者を養成するのではなく、物質とシステムの情報を媒介とした新しい「ことづくり」の概念を創出でき、社会システムまでを見渡せる人材を養成するための異分野融合型・産学官協同型カリキュラムを提供する。

（3）リテラシー科目群は、リーダーとして必須の素養である科学を俯瞰的に見る力を醸成することを目的とする。

（4）インターディシプリナリー科目群（物質科学基礎科目群、システム系基礎科目群、研究室ローテーション）は、分野・階層横断的研究力を醸成する基盤となり、履修生が幅広い学修と柔軟で俯瞰的な問題設定能力を身に付けることを目指す。

（5）アイディエーション科目群とグローバル科目群は、複雑なものご

67

とを俯瞰的に見る「システム思考」と、新しい発想を創造する「デザイン思考」、それらを具現化する「マネジメント力」を総合的に醸成するために編成され、本プログラムのカリキュラムの中心である。

（6）アントレプレナーシップ科目群とグローバル科目群では、産業界、外国人と協働で講義・研究・演習などを行うことによって、グローバル化した産業界で生じるさまざまな問題を見出し、その解決に応用できる能力（システム発想型問題設定力）を育成する。

　以上に基づき、履修生が各自の専門領域でのカリキュラムとは別に、リーディング大学院として履修できる科目を設置した（表5-1）。本章ではこれらのうち、特徴的なものについてその詳細を記載する。

5.1　科学リテラシー

【目的】

　リーディング大学院1、2年次（博士前期課程）で履修する必修科目のひとつが「科学リテラシー」である。科学者、技術者が現代社会におけるリーダーとして活躍するためには、サイエンスという知の本質を的確に理解しておくことが必要であるとともに、一人の人間として成熟した人間観と価値観を身に付けておくことが必須である。本講義では、科学者、技術者に必須の人文科学的・社会科学的の知識を学修するとともに、討論を通じて多面的な人間観や価値観を育成し、社会的責任を自覚するための基礎的素養を身に付けることを目的とする。

【科目内容ならびに実施状況】

　近年の理系学部および大学院では哲学、歴史、政治、経済、倫理など

第5章　特徴的なカリキュラム

表5-1　システム発想型物質科学リーダー養成学位プログラム教育課程 科目構成

科目区分		授業科目名	単位数 ○は必修	配当 年次	履修を指定する単位 数など
リテラシー科目群		科学リテラシー 国際環境論 課題設定型演習 イノベーション創出型研究者養成	② 2 2 ②	1-2 1-2 1-2 1-2	4単位以上
イ ン タ ー デ ィ シ プ リ ナ リ ー 科 目 群	分野・階層横 断的研究科目	SiMS特別研究（研究室ローテーション）	②	1-2	2単位
	物質系基礎科 目群（システ ム系学生履修 科目）	物質システム概論 エネルギー物質科学概論 エレクトロニクス物質科学概論 生体物質科学概論 プロセスシステム概論 生体システム概論 応用化学概論Ⅰ（留学生用） 応用化学概論Ⅲ（留学生用）	2 2 2 2 2 2 2 2	1-2 1-2 1-2 1-2 1-2 1-2 1-2 1-2	在学する専攻のカリ キュラムを勘案し、 学生ごとに物質系基 礎科目群またはシス テム系基礎科目群の いずれかを選択する。 選択した科目のうち から4単位以上
	システム系基 礎科目群（物 質系学生履修 科目）	システム工学概論 エネルギーシステム概論 情報システム概論 電力システム概論 コミュニケーションシステム概論 バイオインフォマティクス概論 知能情報概論Ⅰ（留学生用） 知能情報概論Ⅱ（留学生用）	2 2 2 2 2 2 2 2	1-2 1-2 1-2 1-2 1-2 1-2 1-2 1-2	
アイディエーショ ン科目群		戦略的システム思考力演習 国際アイディエーション演習	② 2	1-2 3-5	2単位以上
グローバル科目群		グローバルコミュニケーション演習 グローバルリーダー演習（海外留学）	2 ②	1-2 3-5	2単位以上
アントレプレナー シップ科目群		物質システムビジネス概論 イノベーション創出型研究者養成Ⅰ （TEC-Ⅰ〔ビジネス企画特別演習〕） イノベーション創出型研究者養成ⅡA　　（※） （TEC-ⅡA〔MOT基礎演習〕） イノベーション創出型研究者養成ⅡB　　（※） （TEC-ⅡB〔MOTコンサル基礎〕） イノベーション創出型研究者養成ⅡC　　（※） （TEC-ⅡC〔知財戦略演習〕） イノベーション創出型研究者養成ⅡD　　（※） （TEC-ⅡD〔アイディエーション演習〕） イノベーション創出型研究者養成ⅡE　　（※） （TEC-ⅡE〔マネジメント＆マーケティング演習〕） イノベーション創出型研究者養成ⅡF　　（※） （TEC-ⅡF〔ベンチャービジネス＆アントレプレナーシップ基礎〕） イノベーション創出型研究者養成ⅡG　　（※） （TEC-ⅡG〔ベンチャービジネス演習〕） イノベーション創出型研究者養成ⅡH　　（※） （TEC-ⅡH〔リーダーシップ特別演習〕） イノベーション創出型研究者養成Ⅲ （TEC-Ⅲ〔企業研究特別演習〕） イノベーション創出型研究者養成Ⅳ （TEC-Ⅳ〔研究リーダー養成特別演習〕）	2 2 1 1 1 1 1 1 1 1 2 2	3-5 3-5 3-5 3-5 3-5 3-5 3-5 3-5 3-5 3-5 3-5 3-5	（※）印の8科目の うちから2科目（2 単位）を含む4単位 以上
修了要件単位数合計					18単位以上（必修10 単位を含む）

69

の人文科学や社会科学の受講がほとんどないことから、社会に巣立つ前の基盤を学修する。具体的には、「宗教」「人権」「権力」「幸福」「ジェンダー」といった人間観や価値観の基礎的知識を学ぶとともに、担当教員との討論および学生間の議論を通して履修生が自ら課題についての理解と思索を深める。授業計画はあらかじめ示されているがあくまで予定であり、履修生とのやりとりに応じて内容は臨機応変に変更される。また事前に履修生それぞれに課題を与え、講義の後半で、課題についての発表、質疑応答ならびに全員での議論を行う。講義の進行状況や議論の方向によっては、それ以前の授業の回に課題発表や議論を前倒しで実施することもあった。

【履修の状況、成果など】

　履修生は初めて接する人文・社会科学の課題に対して当初は戸惑いを見せるが、教員の適切な誘導により討論、議論に積極的に参加するようになる。その後は議論が白熱し、予定の時間を大きく超過することも多々あったが、途中退席する者は見られなかった。履修生へのアンケートでも、講義内容の理解度、満足度ともに高く、特に議論形式の講義に対して高い評価であった。また自由記述では「答えがない課題に対する議論を経験できて良かった」「ジェンダーや科学技術、差別など難しい問題ばかりであったが、一度深く考えたという経験が重要だと感じた」などが多数あった。さらに受講の負担については、各自が身に付けること

写真5-1　科学リテラシー 講義風景
（自由討論の様子）

第 5 章　特徴的なカリキュラム

ができた成果に対して十分見合うものだという評価が大勢を占めた。

5.2　イノベーション創出型研究者養成

【背景】

　科学リテラシーと同様に、1、2年次（博士前期課程）で履修する必修科目が「イノベーション創出型研究者養成」である。この講座は、文部科学省科学技術振興調整費のプログラム「産業牽引型高度人材育成プログラム」の委託を大阪府立大学が受けた直後（2008年）から産学協同高度人材育成センター（2008年当時）が、始めた「産業界で輝くドクター講座」を発展させたカリキュラムである。産業発展の礎となるイノベーション創出における高度研究人材の必要性、技術経営の基礎事項を企業出身の大阪府立大学特認教授と外部の企業からの講師の講義として開講している（2017年度の内容は巻末付録8に付記）。当初、大阪府立大学大学院工学研究科博士前期課程の学生（M1）を対象に開始したが、その後大阪府立大学大学院理学系研究科、生命環境科学研究科も対象に広げ、リーディング大学院の必修科目として設定されてからは、大阪市立大学の前期博士課程の学生も受講している。受講者は400名を超えており、大阪市立大学キャンパスならびに大阪府立大学羽曳野キャンパスにも同時配信している。

【科目内容ならびに実施状況】

　MOT（Management of Technology）、プレゼンテーション、管理者教育研修、リーダーシップなどの講義を、多様な実績を有し第一線で活躍

写真5-2　大教室での講義

71

する講師陣から聴講し、企業における研究のあり方、技術経営の必要性・重要性を理解するとともに、企業研究者に求められる素養を知り、その能力を伸ばす方法を体得している。その上で、イノベーションを創出する高度研究者に求められる素養を適切に理解し、それを自らのものとして実践するための能力を涵養するとともに、将来のキャリアを意識し、デザインする術を知ることができるようになる。

【履修の状況、成果など】

　一般の博士前期課程の学生（Ｍ１）にとっては、まだ就職活動も始まっていない時期であり、必ずしもこの講義内容に対する理解度が高いわけではないが、履修生にとっては、リーディング大学院の入門講座のようなものである。各講師に対する質問なども活発に行われ、キャリアデザインに対する高い意欲が感じられた。履修後のアンケートでは、企業マインド、企業における研究者の持つべき素養、また研究開発の管理能力やプレゼンテーション能力、コミュニケーション能力の重要性についての認識が高まったとする感想が多く、本講義の主要な目的が達成されていると考える。またレポートの作成が課されているが、アンケートでは負担はない、もしくはある程度負担はあるが内容に見合っていると回答しており、履修生の前向きな取り組みがうかがわれる。

5.3　物質系、システム系学生への異分野教育　　　（インターディシプリナリー科目群）

【目的】

　将来さまざまな分野でグローバルリーダーとして活躍するためには、狭い専門領域に留まることなく、広い視野と知見を持ち、さまざまな科学的、技術的背景を持つ人材を率い、異分野の課題にも積極的に挑戦で

きる資質を備えていなければならない。その資質は一朝一夕に身に付けうるものではなく、常に広い視野と関心を維持し続ける習慣が必須である。そのような習慣の端緒を開くために、インターディシプリナリー（異分野）科目群では既存の大学院教育では手薄な異分野教育科目を展開している。

【科目内容ならびに実施状況】

インターディシプリナリー（異分野）科目群は、分野・階層横断的研究科目と物質系基礎科目群、システム系基礎科目群からなる。前者に相当するSiMS特別研究については本章5.4に記す。後者には物質系とシステム系の科目群があり、所属する専攻での研究課題がシステム系の内容である履修生は物質系基礎科目群から、また物質系の研究を専攻する履修生はシステム系基礎科目群から、2科目、計4単位以上を履修する。異分野学修には、特に履修開始時に高い障壁が存在する。その障壁をできるだけ低くする目的で、異分野への導入科目として物質系基礎科目群には物質システム概論、システム系基礎科目群にはシステム工学概論を設けている。両科目は必修ではないが、履修を強く推奨する準必修科目と位置付けており、履修生のほぼ全員が主に初年度に履修している。これら準必修科目は、プログラム担当教員を中心とする複数の教員で分担することで、物質系、システム系それぞれの基礎を幅広くカバーしている。また講義の単元ごとに課題を設定し、レポートなどにより履修生の理解状況の把握に努めている。これら準必修

写真5-3　システム工学概論における遠隔講義の状況

科目は大阪府立大学、大阪市立大学の履修生がともに履修することから、履修生の負担低減のため、質疑応答なども含めた双方向の遠隔中継を実施している。準必修科目以外に、物質系、システム系にそれぞれ、やや専門性を絞った7つの選択科目を開講している。履修生は、自らの興味や関心、また今後強化したい素養を考え合わせ、履修する科目を選択している。留学生に対しては、物質系、システム系それぞれに英語のみで履修可能な基礎的科目を2科目計4単位を開講している。

　本プログラム開始から2年目に、インターディシプリナリー科目群の中の選択科目を一部変更した。これは、履修生の異分野への関心を誘起するために、より適切な講義内容とすることを目指した結果である。また準必修科目では、常に講義内容の検討、更新を重ねてきた。システム工学概論では、数式の取り扱いに馴染みの薄いバイオ系履修生に配慮して数式の解説に時間を割いたり、機械系システムに関する講義を充実させたりしている。物質システム概論では、講義だけではなく、物質系の著名な研究者の講演を聴く機会を設けるなど、履修生の関心を高める工夫を重ねてきた。

【履修の状況、成果など】

＜システム工学概論＞　物質系の学士課程を履修した者がシステム系基礎科目群を履修するために必要なシステム系の基礎と応用例を解説した。情報通信システムの構成に必要不可欠な基盤理論について説明し、情報システムの基礎について講義を行った。また情報処理およびネットワークシステムについて説明した。さらに情報・通信の融合システムとしての応用事例について述べ、実際の情報システムに必要となる多様な学問分野の基礎を講述した。週1回の定期講義とし、毎回講義後にレポートを課している。

＜物質システム概論＞　情報、エネルギー、センシング、医療などの応

用面から見た物質開発に関する講義を計6回、物質に関わる基礎学問として量子力学、固体物理、物質化学に関する講義を計9回実施した。途中、テーマごとに計9回のレポートを課した。

　上記2つの準必修科目のみならず選択科目も含め、履修生の出席率、成績など、履修状況は良好である。また履修生アンケートからは、異分野の学修であるため負担感はややあるものの、目標達成、学修成果などに対する満足度が高いことが示された。アンケートの自由記述欄には、異分野の履修生向けに分かりやすく講義がなされていた旨の記述があり、本科目のインターディシプリナリー教育としての役割は十分に果たせているものと考える。さらに異分野教育科目の履修は、本章5.4のSiMS特別研究（研究室ローテーション）ならびに履修生同士の自主的な活動である「異分野融合を目指した自主共同研究」に取り組むことへのマインド醸成にも貢献している。

5.4　SiMS特別研究（研究室ローテーション）

【目的】

　履修生は、主に履修初年度に上記のインターディシプリナリー科目群を履修している。その上で主に翌年には、異分野、異領域での研究活動を体験する「SiMS特別研究（研究ローテーション）」（分野・階層横断的研究科目）に取り組む。大学では、研究室が違うと壁1枚隔てて文化が異なる、と言われるように研究室ごとに特色があり、ましてや研究分野が異なると実験手法や議論の進め方のみならず、根本的な発想の手法までが異なる。本特別研究は、理学、工学、生命科学、物理、化学、バイオ、あるいは実験系、シミュレーション系、基礎理論系といった枠を超え、従来の大学院教育では十分に養成することが困難であったグローバル（包括的）な視野を持つ科学技術リーダーとしての素養を身に付け

ることを目的とする。

【科目内容ならびに実施状況】

　履修生はまず主専攻で取り組んでいる研究課題に関してその立ち位置を自ら考えた複数の対立軸上にプロットする。例えば基礎理論と実用研究、物理学的アプローチと生物学的アプローチ、実験研究と計算機によるシミュレーションなどの対立する要素を軸の両端とし、複数の軸を組み合わせて現在の自分の研究の立ち位置を明確にする。その上で自分の弱点や今後身に付けたい素養を勘案し、メンターとのディスカッションを経て現在の研究分野、研究手法とは異なる研究領域をこの対立軸上に示す。一方、本プログラムでは、大阪府立大学、大阪市立大学の教員がSiMS特別研究として提供可能な研究内容を紹介した「SiMS特別研究研究内容一覧」の冊子を作成している（巻末付録9）。履修生は主にこの冊子に掲載されている研究室の中から、自らの目指すべき異分野研究の内容に合致、もしくはそれに近い研究室を複数選ぶ。また一部例外的にこの冊子に掲載されていない両大学内の研究室、あるいは両大学外の研究室を選ぶこともある。履修生本人、担当メンターならびにリストアップした受け入れ先教員との間での調整を経て、実施する研究内容の詳細、ならびに研究の開始、終了時期を決定する。

　履修生は決められた約3ヶ月の間、本来所属する研究室を離れ、受け入れ先研究室で異分野の研究課題に取り組む。この

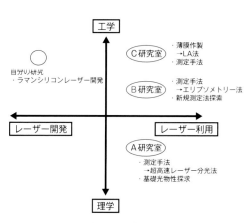

図5-1　受け入れ先研究室の相関図

間、単に研究を進めたり異分野の基礎知識の修得のみならず、異なった発想法や研究手法を学び、また受け入れ先研究室内外の異分野の研究者や学生との繋がりを深める。わずか３ヶ月間であり、また異分野の研究内容であるにもかかわらず、受け入れ先研究室が関係する学会で履修生がその研究成果を学術発表した例もある。SiMS特別研究終了後、履修生はその成果を報告書に取りまとめる。科目評点は、受け入れ先研究室の指導教員が履修生の取り組み状況や成果を評価し、担当メンター、教員の評価と総合して決定する。

【履修の状況、成果など】

　将来科学技術リーダーとなるべき履修生が、特定の教員の指導のもとで狭い学問領域に閉じた研究を行うだけではなく、また書籍や文献などから異分野の知識を受動的に学ぶのでもなく、全く異なる分野の研究を能動的かつ主体的に推進する本カリキュラムは、他に類例の少ない取り組みである。異分野の研究課題を自ら推進することは決して容易ではないが、履修後のアンケートからは多くの履修生がこの経験に対して高い満足度を示している。また受け入れ先研究室の教員からも、履修生の積極的な取り組みに対して、研究室所属の学生たちも大きな刺激を受けたようで、受け入れ側としてもメリットがあったとのコメントをもらっている。

5.5　戦略的システム思考力演習

【目的】

　複雑なものごとを俯瞰的に見る「システム思考」と、新しい発想を創造する「デザイン思考」は、創造的リーダーとして必須の素養である。「戦略的システム思考力演習」は、これらの思考を身に付け磨くべく博

士前期課程に配当されたアイディエーション科目群であり、履修生の必修科目である。

グループ討論、ワークショップなどで異分野の学生と交流を図り、産業界のスペシャリストやリーダー等と徹底的にダイアログを行うことによってアイディアを組み立てる思考方法の修得を目的とする。システム発想型研究者を養成するだけでなく、科学や技術の産業化、技術マネジメントに必要なアイディエーション能力の醸成を目指す。

写真5-4　戦略的システム思考力演習 授業風景

【科目内容ならびに実施状況】

　本演習ではまず、ブレインストーミングの方法論やロジカル思考の基礎を学び、続いてシステムの分解と構築に必要な思考方法を修得する。その後、ことづくり（価値の創造）から発想するシステム発想のトレーニングを行う。

　演習は4、5名のグループで実施する。まず具体的なターゲットシステム（装置やサービス）を設定し、グループでそのシステムを解析し、構成要素／要素技術への分解・分析を行うとともに、そのアプリケーションとの相関を議論する。この基礎的トレーニングに続いて特定の応用範囲を限定し、グループごとにスマートフォン用アプリケーションを想定する。例えば新入生が特有の課題解決のために利用できるアプリケーションを考え、その機能の繋がり（functional flow）と想定する動作（operational scenario）をチャート化する。中間報告会では、そのアプリケーションの着目点、目的、ユーザーはどんな人で、そのアプリで

第5章　特徴的なカリキュラム

何ができるのか、アプリは何を提供するのか等々を含めて発表し、企業幹部出身者のメンターや一般教員から質問やコメントを受ける。履修生は可能な限り質問に答えるとともに、自らの構成要素の解析と動作系構築における課題を認識する。中間報告会後の期間では、各チームの履修生が所属する研究室で取り組んでいる研究課題と成果を相互に説明し、それらのいずれか、またはその融合によって新しい価値を生み出しうる技術テーマを模索する。その過程で、グループ内でのダイアログに加え、メンターとのディスカッションや必要に応じて関係企業などへのヒアリングを実施している。さらにその技術テーマを基礎としてビジネスモデルへの展開を図る。アイディエーションワークショップとして開催される最終報告会では、核となる技術の概要と機能、それを用いて生み出される新たな価値（「こと」の創出）について発表する。各年度のテーマ一覧を巻末付録10に付記する。

【履修の状況、成果など】
　演習は週1回、約3時間実施する。ただしそれ以外にも各グループで情報の共有やアイディアの深化のためのダイアログが必要である。大阪府立大学と大阪市立大学の履修生が頻繁に集まることが困難な場合は、インターネット中継を介したミーティングも行っている。そのため履修生が本演習のために費やす時間は長く、負担感が大きいことは事実である。その一方で、履修後のアンケートでは、内容に見合った負担であったとする意見が多く、履修生の満足度は高い。

写真5-5　戦略的システム思考力演習 最終報告会

79

さらに本演習終了後、授業で取り組んだテーマとビジネスモデルを出発点とした内容で学内外のビジネスアイディアコンテストに応募し、授賞した例もある。本演習は、異分野との協業やアイディエーション、さらには事業化への意識の向上にも繋がっており、履修生にとって非常に価値あるものになっている。

5.6　グローバルコミュニケーション演習

【目的】

グローバル科目群の1つであり、1、2年次（博士前期課程）で履修するのが「グローバルコミュニケーション演習」である。選択科目ではあるが、これまで全ての履修生が受講している。本演習では、産業界をグローバルに牽

写真5-6　グローバルコミュニケーション演習

引する高度研究者に求められるコミュニケーション能力とリーダーシップセンス、異文化理解力を、実践形式の演習により体得する。これらの演習を通して、外国語（英語）による発話能力を鍛えるとともに、国際人としての優れた感覚を磨き、言語や文化が異なる社会においても、プロジェクトを成功に導くために必要な基礎的な素養を身に付けることを目標とする。

【科目内容ならびに実施状況】

「英語を使う」ための実践的な英語によるコミュニケーション演習と、外国人の教員や企業リーダーによるセミナーを実施した。前者は、単なる英会話学修ではなく、グローバルに活躍するリーダーに必要不可

欠な能力として英語による発想力と伝達力を鍛えるために、まず自分が持っている英単語力を最大限に活用してさまざまな会話に対応する能力を磨き、その上で「描写する」「提案する」「比較する」などといった言語機能に基づいた集中的なトレーニングを行った。履修生を英語能力別にグループ分けし、ほぼ隔週土曜日の午前もしくは午後に各グループ2コマずつ実施した。留学生など特に英語力が高い履修生に対しては、別途英語によるコミュニケーションスキルを高めるためのコースを設けた。また外国人教員等によるセミナーでは、グローバルに産業界を牽引するために必須のリーダーシップセンス、プレゼンテーション技術および異文化理解に関する講義、演習、実習を行った。さらに海外の研究者や企業リーダーを囲んでのダイアログや、来日したアジアや欧州各国の学生との合同講義ならびに意見交換会（マレーシア工科大学、王立プノンペン大学、台南大学、ノイウルム大学（ドイツ）など）を実施した（詳細は7章7.2.3を参照）。

【履修の状況、成果など】

　履修後のアンケートでは、履修生の満足度、自己評価による目標達成度は非常に高い。本講義終了後も継続的に学修を進めることの重要性を認識した履修生が多く、今後の伸長が期待できる。グローバルリーダー演習や国際アイディエーション演習のみならず、カリキュラム外科目でのグローバルな素養を伸ばしていくための基礎を意識付けることができた。

5.7　グローバルリーダー演習（海外留学）

【背景】

　「グローバルリーダー演習（海外留学）」はグローバル科目群の1つ

であり、博士前期課程にグローバルコミュニケーション演習を履修した後、博士後期課程に履修する必修科目である。産業界をグローバルに牽引する高度研究者に求められるさまざまな素養を3ヶ月海外研究・研修を通して体得し、それを実践応用するための素養を身に付けることを目標とする。自らの研修目標を定めた後、自らの意志で研修先を決定し、3ヶ月間の実践的教育研究の場が与えられる。

【科目内容ならびに実施状況】

　海外の留学先については、大学、企業、研究機関を問わず、また自らの専門領域に捉われることなく、自ら定めた研修の目標に対して最もふさわしい機関を、主専攻の研究指導教員、担当メンター、授業担当者とのダイアログに基づき定める。その後メンター等からの指導による事前準備を経て、3ヶ月間の海外留学を経験する。留学期間中には、メンターから随時フォローアップを受け、帰国後はその成果を総括するためのラップアップ指導を受ける。またこれから本演習を実施する後輩履修生に向けたグローバルリーダー演習報告会で自らの体験と成果を報告する。

【履修の状況、成果など】

　履修に必要な渡航費用ならびに基本的な滞在費用（宿泊費など）はリーディング大学院プログラム予算から充当される。2015年度に2名、2016年度に7名、2017年度は9月末までに7名、計16名が海外での研究・研修を実施した。国別では、米国8件、カナダ2件、シンガポール2件、ベルギー1件、デンマーク1件、ドイツ1件、フランス1件である（詳細は第8章8.3参照）。

　留学前は3ヶ月もの間海外に行くことに否定的な履修生もおり、必ずしも全ての履修生が積極的ではない。中には単に義務として取り組んでいる様子の者も見られた。しかしそのような消極的な履修生も含め、演

第5章　特徴的なカリキュラム

習終了後は全ての履修生が、海外での経験を極めて肯定的に捉え、その価値を積極的に後輩等に伝えようとするなど、非常に大きな変化が見られる。中には、3ヶ月の留学期間中に自力でポスト先を探して滞在期間を延長したり、留学先の研究

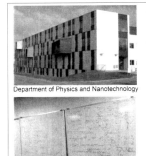

写真5-7　グローバルリーダー演習報告会の様子

者に自ら提案して帰国後も継続的な共同研究を実施したりするなど、極めて自律的かつ積極的な行動が見られた。いずれの履修生も、海外での研究生活を通して真のグローバルリーダーとして活躍するために必須の異分野と異文化の理解を深めるという本演習の目的の達成はもちろんのこと、本演習を通して大きな自信を身に付け、その成長は著しい。

　グローバルリーダー演習報告会では、すでに本演習を終えた履修生から、渡航前の自分の心理状態、海外での研究生活とそこで得られた研究成果およびグローバル人材として身に付いた素養や、海外での研究を終えて今思うことなどを、これから本演習に取り組む後輩に向け報告した。これに対し、後輩からは非常に積極的な質問が多数あり、また報告者の経験と成長に触発され、海外留学に対する意識が高まっている。このように本演習を体験した本人以外にも思わぬ良い波及効果があった。

5.8　物質システムビジネス概論

【目的】
　アントレプレナーシップ科目群の中の選択科目の1つが「物資システ

ムビジネス概論」である。ことづくり発想で創出されたアイディアが物質科学の発展に大きく影響を与えた事例やシステム発想型物質科学によってビジネスモデルが成功した例などを通して、物質科学とその周辺分野における今後のイノベーションに貢献するような技術分野とそのビジネス展開に関しての発想手法の基礎を学ぶ。さまざまな企業で研究開発を牽引する研究リーダーや中堅の博士研究者10名程度を講師として招き、講演とダイアログを実施する。その他、企業研究におけるリーダーに必須の経済や企業財務ならびに研究者倫理に関する講義、演習も実施する。

【科目内容ならびに実施状況】

　まず本講義は履修生に対して大学教員が講義を行うものではなく、企業の研究リーダーを招いて講演してもらうものであるため、聴講にあたりまず最低限必要なマナーなどを学ぶ。さらに理系の履修生には非常に馴染みが薄いが研究リーダーとして必須の経済や企業財務についての講義を行う。企業の一般的な構成、支払い（売り掛け、買い掛け、手形など）や償却、損益計算書の見方などの会計の基礎、マーケティングの基礎などの講義を受講する。その後、企業での研究リーダーもしくは中堅博士研究者から、自らの成功体験のみならず、時には失敗体験も含めた幅広い話題の講義を受け、質疑応答、ディスカッションを行う。企業内でのイノベーションのあり方、研究リーダーとしての行動、研究テーマの策定方法、自分のテーマの変更や中断を指示された時の対応など、さまざまな経験に基づく話を聞き、議論する。一例として2017年度には、電機系企業２社、物質・材料系企業３社、医療機器、医薬品、化学系各１社から講師を招いた。またその他にベンチャー企業の創業者を２名招いた。各講義に先立ち、各履修生の担当企業を決め、事前にその企業についての調査を行い、講演の後にその内容などを報告書にまとめて、全

履修生で共有する。さらに本科目履修生を対象に、企業見学ならびに企業研究者との懇談会を行う。また企業研究者としての倫理に関する認識を高める目的で、過去に科学者、技術者が関わり社会問題となった事例を挙げて、賛否それぞれの立場からディベートを実施する。

　さらに一連の正規カリキュラムとは別に、本科目履修生の中の希望者を対象に、企業を訪問して企業研究者の前で自らの研究内容を発表し、ダイアログを行う機会を設けている。2017年度は3社を訪問し、各5名程度の学生が発表を行った。本活動は、大学で研究する教員や学生の視点と、企業で研究開発に携わる方々の着眼点や発想の違いを肌で感じる貴重な機会となっている。

　ほとんどの履修生は博士後期課程の初年次に履修している。また必修科目ではないが、対象年次の履修生のほぼ全員が履修している。

【履修の状況、成果など】

　履修生の多くは自ら思い描く近い将来の自分のあり方を意識しつつ中堅博士研究者の話を聴き、またさらに将来あるべき姿と重ねて研究開発を率いる企業リーダーとダイアログを重ねている。一部の履修生はベンチャー企業の創業者の話に感銘を受け、自らその企業の見学をしたい旨を申し入れて実施している。また本講義をきっかけとして、企業インターンシップに繋がった例もある。直接企業研究者と接することで、企業での研究開発の考え方や実態を少しでも感じ取り、近い将来自分が企業研究者となった際に必要とされる素養について知る貴重な機会を提供する科目内容となっている。

5.9　課題設定型演習

　次世代のリーダーには、「ことづくり（新しい価値観の創出）」に向け

てビジョンを示し、自らその具現化に奔走するリーダーシップが求められる。そのために、社会の変化、産業界の課題を的確に捉え、「自ら課題を設定し、自ら解決する」資質が必須となる。そこで、理系人材が将来の研究トップマネジメント、事業・経営リーダー、さらに広く、社会リーダーを目指した時に活用できる素養を磨くべく、先行演習の場として「課題設定型演習」を開講している。この演習は課題設定とその解決に向けたプロセスの中でこれらの資質、素養を磨くことを目標としている。

　毎年の演習課題は、担当教員が設定し、演習を履修した学生が協同して「何が問題なのか」「現状はどうなっているのか」「どのような解決策がありえるのか」を考える。

(1) 2015年度（2015年6月〜2016年3月）
　　課題：「祖父母世代の技能を活かした「起業モデル」をデザインし、
　　　　　　形にする（cocoloito事業）」
　　大阪府立大学近隣の白鷺団地に居住する高齢者を核とするソーシャルビジネスのスタートアップ・プロセスを、行政、企業との連携で経験する。
　　参加者：住民——団地自治会
　　　　　　行政——堺市、東区
　　　　　　産業界——編物業界の商流を担う企業の経営者（8社）
　　　　　　学生——大阪府立大学、大阪芸術大学
　　　　　（リーディング大学院履修生4名が参加）
　住民と関連企業による連携体制のもとでソーシャルビジネスを企画するもので、高齢者による手作り編み物の外部への販売だけを目的とせず、団地内の編み物教室などを通じて、団地内のコミュニケーションの場を作ることで、長期的に住みやすい団地づくりを目指している。履修

生は、住民へのヒアリング、企業や行政の意見を聞くことで、実際の
ソーシャルビジネスの現場の課題や懸案点などを実感できたと報告して
いる。例えば、往々にしてできてしまう派閥への対応、そもそも編み物
が嫌いな人をどのような形で参画させるか、自立した運営のための資金
問題、販売への貢献度での評価を表面化させないこと等々。今まで全く
ソーシャルビジネスの経験のない地域の人たちがスタートするためには
多くの問題があり、とても学生が解決策を見出せるものではないが、熱
い思いで努力する人たちとの交流は履修生にとって、新鮮かつ教育的で
あった。

(2) 2016年度（2016年６〜12月）

　　課題：BCP対応を踏まえた「未来エネルギーを活かしたビジネスプ
　　　　　ラン」

　　法改正や時代の潮流を踏まえ、社会人と一緒のチームとして、行政、
　　NPO、企業などからヒアリングを行って、ビジネスプランを考え
　　る。

　　参加者：行政——堺市
　　　　　　NPO——特定非営利活動法人環境防災総合政策研究機構
　　　　　　防災関連企業——３社
　　　　　　ビジネスコーディネーター——株式会社りそな銀行
　　　　　　学生——大阪府立大学　３名（うちリーディング大学院履
　　　　　　　　　修生２名）
　　　　　　　　　大阪芸術大学　１名
　　　　　　社会人——物流業、IT企業、不動産コンサルティング業な
　　　　　　　　　ど４名

表5-2　課題設定型演習　2016年

課題設定			
	講義1	新エネルギー（1）	堺市企画推進担当課長　金本貴幸氏
	講義2	BCP対応	防災関連企業
	講義3	新エネルギー（2）	防災関連企業
	演習1	課題設定ワーク1	「状況把握」情報の羅列→可視化→整理
	演習2	課題設定ワーク2	「視点の導入」優先順位の設定 →因果関係の明確化→本質の発見
課題解決その1　「つくりかたのデザイン」			
	演習1	課題解決に繋がる機能・知見を「理解する」「観察する」「分解する」	
	特別講義	前大阪府副知事　小河保之氏	
	演習2	課題解決に繋がる機能・知見を「分解する」「編集する」	
	演習3	全体の俯瞰を通じた更なる機能・知見のキュレーション	
課題解決その2　「つたえかたのデザイン」			
	演習1	「分かりやすさの設計」…「本質的要素」×「普遍的価値」×「時代性」 →論点の明確化	
	演習2	「共体験の構築」…「情報の整理」×「空間の整理」×「思考の整理」 →ストーリーの可視化	
	発表	プレゼンテーション to 行政機関、企業	

(3) 2017年度（2018年2・3月）

　課題：「データ」について考えてみよう

　「データ」を扱うことを業務の柱としている複数の企業を訪問し、データの取り扱い、データの先に見えてくるものなどについて課題を考える。

　ヒアリング先：（a）シナジーマーケティング株式会社

　　　　　　　　（b）株式会社ブレインパッド

　参加者：学生——大阪府立大学リーディング大学院学生3名

　Yahoo!グループのシナジーマーケティング株式会社およびデータ分析専業で唯一の上場企業である株式会社ブレインパッドでダイレクト

マーケティングおよびAIを活かしたデータ分析手法について学び、これらを活かして新規事業創出にかかる組織のあり方について報告した。

5.10　博士後期課程での科目再編とカリキュラム外の演習

　博士後期課程での履修科目には、グローバル科目群中のグローバルリーダー演習（海外留学）とアントレプレナーシップ科目群がある。このうち後者は、本章5.8で述べた物質システムビジネス概論の他に、当初、イノベーション創出型研究者養成Ⅰ（ビジネス企画特別演習）、同Ⅱ（産学連携特別演習）、同Ⅲ（企業研究特別演習）、同Ⅳ（研究リーダー養成特別演習）があった。各2単位で、イノベーション創出型研究者養成Ⅱのみが必修科目であり、計5科目10単位中4単位以上を修了要件としていた。

　リーディング大学院プログラムに参加している各履修生は、博士後期課程に進んだ段階ですでにディプロマ・ポリシーに掲げる素養の修得に向かって自らコースワークを構築して歩みを進めている（詳細は第4章4.3参照）。従って各人の補強すべき素養はそれぞれ異なっている。そこで、履修生それぞれに強化すべき内容を選択してより深く学修できるように、特に必修となっているイノベーション創出型研究者養成Ⅱの内容の細分化を図った（詳細は第6章6.2.2参照）。

　履修生は細分化された科目の中から2科目以上を選択して履修することとした。

　さらに博士前期課程で学んだシステム発想、アイディエーション、異分野融合、リーダーシップならびにグローバルな素養を発展させ、それらを実社会で真に発揮できる素養とするために、第4章4.3.2で記載したように、カリキュラム外の演習を順次充実していった。本プログラムでは、この目的に向かって活用可能なアイディエーションワークショッ

89

プや自主共同研究、海外の学生や研究者との意見交換などの場が提供される。履修生は原則自分の判断でカリキュラム外の演習に取り組むことになる。

【科目内容ならびに実施状況】

　5年一貫の教育プログラムの中で、博士前期課程の履修科目は相当充実したものであり、博士後期課程の科目も充実させるために、選択科目だけでなく、単位取得はできないものであっても、推奨すべき演習科目を設定した。この中には、海外で活躍する研究者リーダーの講演会や交流会、海外からの来訪学生との合同講義、テックソン（Tech-thon）[1]（2016年度より実施、詳細は第6章6.4参照）や学内外のビジネスコンテストをはじめとするアイディエーションワークショップなど、多様なイベントが含まれる。また自主共同研究課題を奨励し、履修生同士、あるいは学内外の履修生以外の研究者と共同で、所属する専攻で実施している研究以外の課題に取り組む機会を提供している。履修生は、各自のカリキュラム外での学修状況を活動ポートフォリオ（フォーマットは全履修生に配布済み）を用いて整理し、メンターとのディスカッションを経て自らの取り組みを振り返り、次の行動に繋げていく。

【履修の状況、成果など】

　科目外の演習への積極的な取り組みにより、アイディエーション、アントレプレナーシップや、企業マインドの醸成に繋がっている。取り組

---

[1]　テックソン（Tech-thon）：Technologyとmarathonからの造語。分野を問わず、さまざまな技術・アイディア・視点を持つ学生・教員・社会人がチームを組み、「芽となる技術」の上に事業化アイディアを積み上げ、数ヶ月かけて新しい「事業の芽」を共創することを目的とする。最終イベントのTech-thon Finalでプロトタイプ（原理実証のための試作機）の披露を目指す。主催は、大阪府立大学高度人材育成センター（詳細は第6章6.4参照）。

第5章　特徴的なカリキュラム

表5-3　博士後期課程での選択科目および科目外演習

養成すべき素養	選択科目／科目外演習	概要	単位取得
システム発想、アイディエーション、アントレプレナーシップ	アイディエーションワークショップ	戦略的システム思考力演習の発展として、アイディエーションを発表する。	
	TEC-Ⅰ（ビジネス企画特別演習）	技術ベースのビジネスモデルをメンター指導のもと作成する。	○
	国際アイディエーション演習	選抜された履修生が、ブラウン大学で1週間の演習を経験する。	○
企業マインド、リーダーシップ	物質システムビジネス概論	外部講師から企業でのことづくりの例について講義を受ける。	○
	インタラクティブ・マッチング	多くの企業からの参加者の前で自己PRおよび研究内容の紹介。	
	TEC-Ⅲ（インターンシップ）	長期間、企業に出向いて企業内での研究活動を経験する。	○
	TEC-Ⅳ（研究リーダー養成）	企業との共同研究テーマを設定し、グループを作って研究を実施する。	○
異分野融合	キャリアデザインセミナー	大阪府立大学出身者などの経験を聞き、自らのキャリアデザインを考える。	
	自主共同研究	SiMSの履修生同士あるいは外部の研究者と、専門外の研究を実施する。	
グローバルリーダー	海外研究者特別講座	海外の研究者からそのキャリアや研究の進め方を学ぶ。	

みの成果の例としては、大阪府立大学ビジネスアイディアコンテスト[*2]
で履修生が2年連続でグランプリを獲得したり、テックソンではファイ
ナルに選出された課題の大多数にリーディング大学院履修生が開発メン
バーとして関わっており、その積極性が際立った。これらのコンテスト
出場を果たした課題の中には、前述の戦略的システム思考力演習や自主
共同研究にその端を発し、履修生自らアイディアを発展させた内容のも
のも多数含まれる。

[*2]　大阪府立大学ビジネスアイディアコンテスト：大阪府立大学および大阪府立大学工業高等専門
学校の学生、教職員、卒業生のグループまたは個人を対象としたコンテスト。応募者の中から事
前の第一段階選抜をくぐり抜けた10組前後に対してプレゼンテーションの内容をメンタリング
し、最終発表会（毎年11月開催）でグランプリ他4賞を選出する。

5.11 自主共同研究

履修生には、異分野融合研究（Interdisciplinary Research）を実践するための費用として各年の予算の都合から変遷はあるものの、現在は原則として1、2年次には年間20万円、3〜5年次で年間40万円の自主共同研究費が提供されている。異分野を意識した自主共同研究を行うことで、異分野に関する幅広い視野や知見を得ると同時に、自身の研究と融合させる能力を養成する。さらには、ことづくりやイノベーション創生へと繋げる能力を養成する。つまり履修生が自分の異分野融合研究テーマデザイン力とそのマネジメント能力を養い、その素養を身に付けるためにこの研究費が設けられている。このカリキュラムには単位は与えられないが、本プログラムの異分野融合を理解して、実践するためのものである。

具体的には、まずは国内外を問わず学会や講演会で異分野研究の知識集積や研究者の人脈創生（ネットワークの構築）、異分野専門書の購入などから始まる。あるいはSiMS特別研究（研究室ローテーション）で学んだ異分野融合を深化させる場合もある。最終的には、異分野融合を基軸にイノベーションを起こすための研究活動である「自主共同研究」を始めることが目的である。以下にその進め方を記載する。

(1) 申請方法

新規申請と継続申請があり、次に定める諸事項を記載して申請書を作成する。新規申請は随時可能で、継続申請は当該年度4月にSiMS担当教員に提出する。

（a）新規申請
- SiMS自主共同研究実施申請書（巻末付録12）を研究グループごとに1部提出

第 5 章　特徴的なカリキュラム

- 申請期間：年度内随時
- 申請書提出先：SiMS担当教員

（ｂ）継続申請（前年度から継続して実施する場合）

- 「SiMS自主共同研究実施状況報告書（継続申請）」を研究グループごとに１部提出
- 申請期間：当該年度４月中
- 申請書提出先：SiMS担当教員

（2）審査方法

（ａ）申請書が提出されたのち、自主共同研究承認審査会議を経て審査される。この際、自主共同研究ポリシー、各研究者の役割（異分野融合）、スケジュール、予算、最終目的、実現可能性が評価項目となって審査が行われる。

- 履修生からの申請受付後、「自主共同研究承認審査会議」にて審査（SiMS担当教員が審査会議を招集）。
- 審査会議は、メンターとSiMS担当教員で構成（２名以上、申請者担当メンターを含める）。
- 申請内容を精査し、審査会の合議により自主共同研究の承認を行う。履修生へのヒアリングを実施する場合もある。
- 審査結果を履修生に通知する。

（ｂ）審査基準ポイント

- 主専攻の研究との違いが示されており、異分野を意識した研究になっているか
- 研究目的、研究組織、研究費の用途は適切か
- 適切な研究計画を立案し、最終目標（ゴール）を意識しているか
- 履修生に過度な負担にならない内容か
- 研究内容は人権の保護および法令などの遵守への対応ができてい

93

るか(科研費公募要領に準ずる)
(c) 研究費の用途(自主共同研究費を使用する場合)
- 主専攻研究には使用不可
- 主に消耗品費、旅費、学会参加費などとして使用可(特殊な用途の場合は別途要相談)

(3) 実施状況のトレース
(a) 実施状況のヒアリング
年2回程度、全ての自主共同研究の学生(グループの場合は代表者)に実施状況をヒアリングする(担当:メンター、SiMS担当教員)。
(b) 自主共同研究発表会の実施
年1回以上の頻度で発表会を行っている。履修生の数が増えるに従い、自主共同研究のグループ数も増加したことから、年1回では全グループの発表が行えないため、回数を増やしている。この発表会には、履修生、関係教員、メンターが参加し、今まで自主共同研究を行っていない履修生にとっては、自主共同研究テーマの見つけ方、あるいは一緒に自主共同研究を行う可能性のある学生を見つけるためにも大切な場となっている。

写真5-8　自主共同研究発表会

(4) 自主共同研究の終了手続き
(a) 自主共同研究を終了する場合は、担当メンターの承認をまず得る

こととしている（期間満了の場合も同様）。

（ｂ） メンターの承認を得た後、SiMS自主共同研究最終報告書（巻末付録
13）を研究グループごとに１部提出する。提出先はSiMS担当教員。

以上のように申請、審査、承認、実施、報告というステージで進められる。

5.12　留学生向け英語対応カリキュラム

日本語での科目履修が困難な留学生への対応として、各講義の特徴を踏まえて以下の４通りの対応を行った。

（1）補助的な通訳の配置

科学リテラシーは履修生と教員の間の討論が、また戦略的システム思考力演習は履修生同士のグループワークが中心となる科目である。いずれも他の履修生や教員との議論に参加することが重要であるため、次項(2)に示すような別途英語で受講できる機会を設けることでは対応できない。また英語のみで講義を進めることは、一部英語力に課題のある日本人履修生の議論への参加、学修に対して障害となる。そのため、母国語が英語であり日本語を十分駆使できる博士研究員を講義補助員として配置した。補助員は留学生のそばに着席し、議論の要点を逐次英語で説明するとともに、留学生の発言を日本語で他の履修生に伝えた。またグループワークでは、留学生が含まれるグループのメンバーには英会話力が高い履修生で構成した。これらの措置により、留学生は特に大きな障害もなく議論の輪の中に入り、討論に参加することができたと考える。科目履修後のアンケートでも、言葉の壁に関する指摘はなかった。

(2) 英語字幕付きビデオ教材の作成

　イノベーション創出型研究者養成では、講義の各回それぞれ、主に産業界から講師を招いて講義を実施する。そのため全ての講師に英語での講義を求めることは事実上困難である。また講師の話の速度が速いこと、さらにそれぞれの講義内容によって専門的な用語が使用されることから、講義補助員による通訳にも限界がある。そのため本講義では、「企業研究者に必要なMOT的素養」の部分について、講義の様子をビデオ撮影し、その映像に英語字幕を付け、後日留学生に視聴させた。レポートなどの課題も別途英訳し、留学生には英文での提出を課した。

表5-4　TEC講義の英語化（e-Learning）

企業研究者に必要なMOT的素養

講義名	講師	時間
1. 企業における研究者への期待 Expectations from Researchers in Company	藤田正明	90分
2. 事業化のための研究開発マネジメント R&D Management for Commercialization	升本久幸	90分
3. 商品開発者に必要な倫理と知識 Ethics and Knowledge necessary for Product Development	辻井薫	90分
4. 技術者が知っておくべき知的財産 Intellectual Property and Its Strategy	稲本潔	90分
5. ビジネス企画と研究企画 Business Planning and Research Planning	酒井俊彦	90分

(3) 英語開講科目の充当

　インターディシプリナリー科目群は、各履修生が主専攻で学ぶ学問領域とは異なる内容を学ぶものであるため、英語で講義を実施すると日本人履修生の学修の障害となることが懸念される。また専門的な内容であるため、通訳による対応も難しい。そのため、大阪府立大学大学院工学研究科の応用化学分野ならびに知能情報工学分野において英語開講されている科目をリーディング大学院科目として受講できるように科目設定

した。具体的には、システム系の分野を専攻する留学生には応用化学概論Ⅰと応用化学概論Ⅲを、また物質科学系の内容を主専攻で学ぶ留学生には知能情報概論Ⅰ、知能情報概論Ⅱを履修させた。これらの科目はもともと留学生を対象として開講されているものであり、Ⅰの両講義はそれぞれの分野の導入的内容である。従って、日本人履修生向けに異分野学修の導入として本プログラムで開講している物質システム概論、システム工学概論の代替としての役割も十分に果たす。この対応により、インターディシプリナリー科目群として必要な2科目4単位を全て英語だけで履修できる体制とした。

(4) 英語と日本語での講義

　アントレプレナーシップ科目群では、全12科目16単位から4単位以上を履修することが課せられている。これらの科目のうちイノベーション創出型研究者養成Ⅰ、同ⅡA、同ⅡD、同ⅡE、同ⅡGを留学生対応科目とした。上記科目はいずれも演習が中心であり、担当教員が日本語で話した内容をその都度英語でも説明し、演習の指導も留学生には英語で実施する。これにより必要な単位数を英語で履修することが可能となっている。

　上記の他に、グローバルコミュニケーション演習では、一般の日本人履修生は英語による意思伝達の術を学ぶ時間があるが、留学生は一部英語力の非常に高い履修生とともに、別途さらに高次のコミュニケーションスキルを磨くための演習を受講させる。また、日常のメンタリングなどは英語によって実施している。事務連絡などにおいても、必ず和文、英文の両方を作成して履修生に配付もしくはメール配信している。

Column 4

社会に変革をもたらすイノベーション人材へ

本学の博士課程教育リーディングプログラム─SiMSがスタートした翌年、文部科学省科学技術人材育成費補助金、グローバルアントレプレナー育成促進事業（以下、EDGEプログラム）の採択を受けました。

EDGEプログラムは、専門性を持った大学院生や若手研究者が、起業家マインド、事業化ノウハウ、課題発見・解決力および広い視野などを身に付けることを目指し、履修者の主体性を活かした実践的な人材育成の取り組みを進めることを目標としたものです。このようなスキルやマインドは、SiMSプログラムの履修生が持つべき素養と深く相通ずるものがあり、SiMSプログラムは、EDGEプログラムまたその後継プログラムであるEDGE-NEXTプログラムと強い連携を保ちながらこれまで推進されてきました。

このEDGEプログラム開始を契機に、イノベーション・エコシステムの構築に向けて新たに連携を始めた多くの企業、起業家、金融機関、行政機関、海外機関などと協働し、多様な実践演習プログラムを開発しました。履修生も数多く受講するこれらのプログラムは、上述したスキルを身に付ける手段として、あるいは普段の研究活動からだけでは得難い、人的ネットワークを手に入れる手段としても活用されています。これらのスキルやネットワークは、起業する際にのみ活かされるものではなく、今後履修生が築いていくキャリアのあらゆる局面において、多くの示唆を与えるものとなると期待できます。

多くの方が実感しておられるように、ボーダレス化、フラット化、ネットワーク化というグローバル時代への変革の波が一気に押し寄せ、かつ急速に高齢化が進行する今日、私たちの社会は多くの困難に直面しています。それら諸問題の解決には、アントレプレナーシップマインドを持った高度研究者が創出するイノベーションが不可欠であるといえます。SiMSプログラムを修了した学生がその一翼を担う人材となることを願ってやみません。

プログラム副コーディネーター
大阪府立大学　高等教育推進機構高度人材育成センター所長　教授
松井利之

第6章

アントレプレナーシップ教育との連携

6.1　Fledgeプログラムとの連携

　産業界のイノベーション推進力として、起業家精神（アントレプレナーシップ）の重要性がいわれるようになって久しい。特に米国におけるさまざまな分野のイノベーションが、起業家精神の発露としてベンチャービジネスを牽引していると認識されている。そのため我が国でも、どのようにしてベンチャービジネスを活性化するかについて多くの議論が行われている。

①ベンチャービジネスを自分で創業しようとする起業家精神を有する
　　者の育成

②ベンチャービジネスの内容、将来性を的確に評価し、支援できるベ
　　ンチャーファンドなどの育成

③ベンチャービジネスの製品やサービスを、ブランド名ではなく公正
　　に評価する風土づくり

④ベンチャービジネスが失敗した場合のセーフティーネットの構築

　この中で、大学としては①の人材の育成が役割として期待されている。
　文部科学省はこのような大学の役割を強化する施策として、2014年度にグローバルアントレプレナー育成促進事業（EDGEプログラム：Enhancing Development of Global Entrepreneur Program）を始めた。

このプログラムは、イノベーション創出の活性化のため、大学などの研究開発成果をもとにしたベンチャーの創出や、既存企業による新事業の創出を促進する人材の育成と、関係者・関係機関によるイノベーション・エコシステムの形成を目的とするものである。具体的には、専門性を持った大学院生や若手研究者を中心とした受講者が起業家マインド、事業化ノウハウ、課題発見・解決能力および広い視野などを身に付けることを目指した取り組みを支援する。さらに大学が、ベンチャー関連機関、海外機関、民間企業との連携を行うことで関係者間の人的・組織的ネットワークを構築し、持続的なイノベーション・エコシステムの形成を支援する。

大阪府立大学は、今までに開発してきた種々の養成ツールと、地域の中小企業、地方独立行政法人大阪府立産業技術研究所および行政と連携して、地域イノベーション創出拠点を生み出すべく2014年度に応募し、採択された。採択されたプログラム「地域産学官連携型持続イノベーション・エコシステム拠点：科学技術駆動型イノベーション創出プレイヤー養成プログラム」（2014～2016年度）（Fledge：Fudai Live EDGE）では、金融機関、知財部門、ベンチャーキャピタル（VC）や、企業コンサルタントなど多岐にわたる外部機関との連携で講義や演習が組まれた。

リーディングプログラムとしても、育成の目標の1つである「起業家精神」養成のため、積極的にこのFledgeプログラムとの連携を目指し、履修生へ、このプログラムへの参加を促した。

（1）MOT、ファイナンシャルプラン、デザイン思考などの講義への参加

表6−1のようにFledgeプログラムはリーディング大学院の講義と共同運営されており、履修生にはこれらの選択科目の履修を勧める。

第6章　アントレプレナーシップ教育との連携

表6-1　Fledgeプログラムの講義

コース	科目	講師	SiMSでの位置付け
ビジネスアイディア創出コース	D1 デザイン型システム思考演習	藤村紀文教授	第5章5.5の戦略的システム思考力演習
	D2 課題設定型演習	奥田浩之客員准教授	第5章5.9の課題設定型演習
	D3 アイディエーション基礎演習	佐賀亮介准教授	本章表6-3のTEC-ⅡD
ビジネスプラン作成コース	B1 ビジネス企画特別演習	藤村紀文教授	本章6.2.1 TEC-Ⅰ
	B2 MOTコンサル演習	鐘ヶ江靖史氏 中務貴之氏	本章表6-3のTEC-ⅡB
	B3 知財戦略演習	赤木与志郎特認教授	本章表6-3のTEC-ⅡC
	B4 マネジメント&マーケティング演習	森澤和子教授 佐賀亮介准教授	本章表6-3のTEC-ⅡE
起業実践コース	A1 ベンチャービジネス・ケーススタディ演習	広瀬正特認教授	本章表6-3のTEC-ⅡF
	A2 ベンチャービジネス演習	広瀬正特認教授	本章表6-3のTEC-ⅡG
	A3 ベンチャービジネス&アントレプレナーシップ	広瀬正特認教授	A1、A2の補講

(2) プロジェクトマネジメント・マーケティング、MOTなどのe-Learningシステムの活用

　Fledgeプログラムは選択科目でもあり、履修しない学生もいる。履修しなかった学生にも、表6-2のようなe-Learningを利用してその内容を理解することができるようになっている。

　これらのプログラムへは、履修生50名以上が参加し、アントレプレナーシップの基礎を学修した。

表6-2　e-Learningシステム

講座名	講師	備考
ベンチャービジネスとアントレプレナーシップ基礎	広瀬正特認教授	
MOTコンサル演習	鐘ヶ江靖史氏、中務貴之氏	
科学技術政策立案基礎	鐘ヶ江靖史氏、中務貴之氏	
アントレプレナー基礎知識	酒井俊彦氏、升本久幸氏、西井隆義氏、廣本寿夫氏	
世界一やさしいドラッカー講座	浅沼宏和氏（TMAコンサルティング(株))	購入DVD
企画分析に強くなる講座	伊藤智明氏（伊藤コンサルティング事務所）	購入DVD
知財戦略演習	赤木与志郎特認教授	

（3）高校生を対象とするアントレプレナーシップ講座のアシスタント

　Fledgeプログラムが開催する「高校生起業家教育講座」に、履修生がアシスタントとして参加することを推奨した。夏休み期間に高校生約40名が参加する6日間の講座に、実践講座（実習）のアシスタントとして参加することで、アントレプレナーシップの基礎を学ぶ良い機会となっている。

6.2　イノベーション創出型研究者養成講座

　高度人材育成センターで2009年よりイノベーション創出型研究者養成講座を開始し、その後Fledgeプログラムとの共同運営で内容が強化された。本プログラムも、この講座を活用し、一部の講義は必修科目とし、他の演習科目についても履修を強く推奨した。

6.2.1　ビジネス企画特別演習（TEC-Ⅰ）

　「ビジネス企画特別演習（TEC-Ⅰ）」は、履修生が企業幹部出身者のメンターの協力を得ながら、自ら選んだテーマでビジネスをスタートす

第6章　アントレプレナーシップ教育との連携

るには何を考え、どのような準備をすべきなのかを調べて、ビジネス企画書としてまとめる演習である。図6-1に演習の概要、スケジュールを示す。2010年に開設された当初は、大学が保有する特許などを履修生が選定し、その特許を使ってビジネスを企画するものであったが、履修生が多く参加するようになり、自分の主専攻の専門技術やその周辺のアイディアをベースとしたビジネスを企画する演習となった。「簡易免疫検

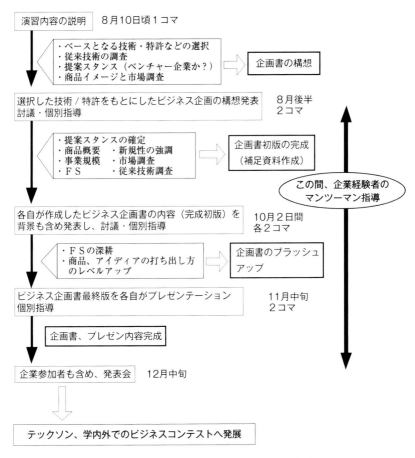

図6-1　ビジネス企画特別演習（TEC-Ⅰ）概要

査キットの開発」「生ユーグレナ培養システム」「水センシングによる高齢者見守りシステム」「乳幼児のためのUV測定」などユニークでオリジナルなテーマも多くあり、この演習の後、特許提出を検討する履修生も現れた。

　この演習の内容を、学内外でのビジネスコンテストに発展させて参加することも可能であるし、事業としての出口までを考え調査してみることは、企業で働くようになってから必ずや役に立つものと考える。

6.2.2　産学連携特別演習（TEC-Ⅱ）

　「産学連携特別演習（TEC-Ⅱ）」は、博士後期課程の学生を対象とした、イノベーション創出型研究者養成の講座であり、TEC-ⅡAからTEC-ⅡHまでの演習項目で構成されている。履修生は、TEC-ⅡAは博士前期課程で履修しているので、TEC-ⅡBからTEC-ⅡHまでの中から2つの科目を履修することが必修となっている。

表6-3　TEC-Ⅱ 産学連携特別演習

TEC-ⅡA	MOT基礎演習	イノベーション創出型研究者養成 基礎講座（1）～（8）
TEC-ⅡB	MOTコンサル演習	EYアドバイザリー・アンド・ コンサルティング㈱ マネージャー　鐘ヶ江靖史氏
TEC-ⅡC	知財戦略演習	元シャープ（株）　解析技術研究所 所長　赤木与志郎氏
TEC-ⅡD	アイディエーション基礎演習	大阪府立大学大学院 人間社会システム科学研究科 佐賀亮介准教授
TEC-ⅡE	マネジメント＆ マーケティング演習	大阪府立大学大学院 工学研究科 森澤和子教授 同人間社会システム科学研究科 佐賀亮介准教授
TEC-ⅡF	ベンチャービジネス＆ アントレプレナーシップ基礎	大阪府立大学　広瀬正特認教授 （元（株）日立製作所）
TEC-ⅡG	ベンチャービジネス演習	大阪府立大学　広瀬正特認教授 （元（株）日立製作所）
TEC-ⅡH	リーダーシップ演習	日鉄住金総研㈱ 上席コンサルタント 人見康雄氏 （社）PMI日本支部　成松秀夫氏

6.2.3　企業研究特別演習（TEC-Ⅲ）

　この科目は、2008年に文部科学省科学技術振興調整費のプログラム「産業牽引型高度人材育成プログラム」を大阪府立大学が受託し、博士後期課程の学生ならびに大阪府立大学内外のポスドクを、インターンシップとして企業に派遣していた実績を踏まえて、博士後期課程で単位取得できる科目として発足している。2017年からは、研究開発型の中長期研究インターンシップを目的とした「産学協働イノベーション人材育成協議会（C-ENGINE）」（2014年京都大学を中心に発足、現在14大学39企業が参加）に参加し、多くの企業へのインターンシップを実現している。

　このプログラム（C-ENGINE）を利用してインターンシップを希望する履修生は、高度人材育成センターで下記のような資質を十分有しているかを面接し合格することが必要となる。

①本プログラムの主旨を正確に理解している

②今後のキャリア形成に十分な情熱を有する

③インターンシップ企業での職務との整合性が十分である

④応募資格要件を満たし、かつ研究実績が十分である

⑤企業などでの活動において、イノベーション創出の可能性をうかがえる

⑥コミュニケーション能力に問題がない

⑦現在在籍している研究室で、本プログラムへの参加が認められている

科目の内容は、

　1）イノベーション創出型研究者養成基礎講座（巻末付録8）の（1）「イノベーションの必要性　高度人材育成の役割」、（2）「イノベーションを実現する人材への育ち方」、（3）「アントレプレ

ナーシップと起業の魅力」を受講
　2）企業研究派遣前講座の受講
　　・企業におけるマナー（企業における生活、ビジネス・研究マナー）
　　・コンプライアンス
　　・安全、衛生について
　　・商品原価と研究開発
　　・知的財産とその基礎（企業における知財）
　3）国内外企業へのインターンシップ
　4）大学内で開催されるインターンシップ報告会での報告

　これらの科目内容（3ヶ月間のインターンシップを含む）を実施することで、単位が与えられる。

　履修生は、博士後期課程でグローバルリーダー演習として3ヶ月間の海外留学が必修となっているので、さらに3ヶ月間のインターンシップを実施することは各自の研究計画にかなりの影響を与えることになる。そこで単位取得は諦めるものの、このプログラムを利用して短期（2週間から2ヶ月間）のインターンシップを実施する学生も多い。

6.2.4　研究リーダー養成特別演習（TEC-Ⅳ）

　「研究リーダー養成特別演習（TEC-Ⅳ）」は、文部科学省科学技術振興調整費のプログラム「実践型研究リーダー養成プログラム」を大阪府立大学が受託し、2010年度から2014年度まで実施していた内容をほぼそのまま正規の科目として継続しているものである。

　博士後期課程の学生を中心として、数名の大学院生や学部生などで研究グループを作り、外部の企業から研究受託をし、企業からの指導も仰ぎながら研究グループとしての実体のある演習を目指す。演習の内容として、代表者の学生が下記の演習1）から4）を受講する。

第 6 章　アントレプレナーシップ教育との連携

1 ）イノベーション創出型研究者養成基礎講座（巻末付録 8 ）の（ 1 ）「イノベーションの必要性 高度人材育成の役割」、（ 2 ）「イノベーションを実現する人材への育ち方」、（ 3 ）「アントレプレナーシップと起業の魅力」、ならびにリーダー資質に関わる（ 9 ）「企業管理者教育研修をモデルにした講義」を受講。

2 ）産学連携特別演習の中で、リーダーシップに関連するTEC-ⅡHのグループワークに参加する。

3 ）企業研究派遣前講座の受講としてTEC-Ⅲの内容に加え、リーダーシップを学ぶ。

- 企業におけるマナー（企業における生活、ビジネス・研究マナー）
- コンプライアンス
- 安全、衛生について
- 商品原価と研究開発
- 知的財産とその基礎（企業における知財）
- リーダーの素養
- 研究計画立案・管理について

4 ）企業からの指導を受けながら、学内あるいは一部企業に出向いて、研究の立案、グループでの研究、研究成果報告を行う。

これらの演習の後、研究受託をした企業、高度人材育成センターとのラップアップミーティングを実施する。

6.3　海外研修

アントレプレナーシップをさらに学ぶために、米国での研修プログラムにも本プログラムの履修生の中から毎年数名が参加し、本場米国でのアントレプレナーシップ教育の実状と風土を実感している。また、米国

西海岸のベンチャー企業や研究所、シンガポールの研究所などを訪問することで、アントレプレナーシップのみならず、リーディング大学院のディプロマ・ポリシーにある、グローバルなリーダーシップを学ぶ機会となっている。

6.3.1　米国のブラウン大学でのアイディエーション・ワークショップ

　ビジネス企画特別演習を履修した学生の中から、大阪府立大学教員による選抜を行い、選抜されたメンバーが、米国のブラウン大学のAngus I. Kingon教授が中心となったワークショップ（1週間）に参加した（写真6-1）。

　［講義や演習の内容］
- 「T（Technology）→P（Product）→M（Market）」の方向を目指すテクノロジーを基盤とするアイディアの創出、起業
- マーケティングの講義と、スタートアップ時の情報収集方法
- 独自技術を専門外の人に理解してもらうための説明
- テクノロジーをプロダクトに持っていくための議論
- イノベーションの本質、成功確率

これらの講義を受けた上で、参加者各自が持参したビジネスアイディアをより具体的なものに作り上げるための演習、参加者によるブラッシュアップを行い、最終発表会を行った。また、ブラウン大学が関与しているスタートアップ企業を見学することで、アントレプレナーシップについての理解を深めた。

6.3.2　ニューメキシコ大学でのビジネスプラン演習

　ビジネス企画特別演習（TEC-I）を履修した学生や、自分のビジネスアイディアで「ビジネスプラン演習」に参加を希望する学生からの申請書を審査し、選抜されたメンバーが、米国のニューメキシコ大学での

演習(1週間)に参加した(写真6-2)。

表6-4 ニューメキシコ大学での演習日程

1日目	AM	ピッチプレゼンテーションに関する講義(Prof. Sacco)
	PM	参加学生によるプレゼンテーション
2日目	AM	学生のピッチのレベルアップのための演習
	PM	STC.UNMの活動紹介、ベンチャー企業訪問
3日目	AM	地元のピッチイベント"1 million cups2"への参加
	PM	UNMとNEDOによる試験設備見学
4日目		材料系の研究機関"Center for High Technology. Materials"訪問
5日目		1週間の成果として学生のピッチとその評価

この演習で、
- イノベーションの発想法や、マーケティング
- ビジネスプランに必須の「ピッチ」の作り方の講習
- 自分の「ピッチ」をどうやってレベルアップするかの演習

などを受けるとともに、地元で開催されているピッチイベントにも参加し、米国でスタートアップに必須のピッチについて学んだ。

写真6-1 ブラウン大学での受講

写真6-2 ニューメキシコ大学での受講

6.3.3 米国西海岸ツアー（2014年度）

　リーディング大学院のディプロマ・ポリシーにある、グローバルに活躍できるキャリアプラン作成を念頭に、2014年11月から12月にかけて、リーディング大学院の1期生7名が米国西海岸のシリコンバレーを中心に現地の大学や研究機関、ベンチャー企業などを訪問した。博士後期課程（3年次以降）に、グローバルリーダー演習の科目で海外留学が必修となっており、今回は1年次の履修生がその準備の意味も踏まえ、日本と大きく研究環境の異なる米国を訪問し、現地の学生や研究者と交流した。

　主な訪問先は、カリフォルニア大学（UC）バークレー校、スタン

カリフォルニア大学バークレー校

スタンフォード研究所

世界中から起業家が集まるPlug and play社のロビー

ベンチャー企業の若手と交流

写真6-3　米国西海岸ツアー（2014年度）

フォード研究所（SRI）、シリコンバレーのベンチャー支援会社Plug
and Play（PnP）、グローバルに事業展開するソフトウェア企業Gupta
Technologies、パナソニック米国研究所など。この訪問では、Fledge事
務局シリコンバレー事務所に支援いただいた。カリフォルニア大学バー
クレー校では、博士課程在学中の大学院生と懇談し米国流ドクターコー
スのキャリア形成について興味深く聞き入った。ベンチャー支援会社
Plug and Playは自らの夢を実現するために世界から集まる若手起業家
の逞しい個性と異分野同士のネットワーキング（人脈開拓）への積極姿
勢に強い刺激を受けた。またAppleやFacebookなど現在の世界を牽引す
るIT企業の本社なども間近に見て回り、イノベーションの聖地シリコ
ンバレーの空気に直接触れる良い機会となった。全体を通じて参加者は、
日本との研究環境の違いを実感しつつも、変化の早い米国のベンチャー
企業やイノベーションの現場を見て、今後のキャリアプランにグローバ
ルな視点の重要性を強く実感した。

6.3.4　米国西海岸ツアー（2015年度）

　2014年度に続いて、2015年度もベンチャー企業の息吹を体感し、アン
トレプレナーシップを学ぶことを目的として、2016年2月に学生4名が
サンフランシスコ周辺の米国西海岸訪問を実現した。

　スタンフォード研究所では、高額な授業料の中で学生が奨学金を得るた
めにも緊張感を持って勉強していること、これが数々の有名なスタート
アップを生み出す原動力にもなっていることを知った。Plug and Play
（ここには、大阪府立大学のワッペンが貼り出されている）では、多く
のスタートアップ企業がパートナーやキャピタリストの支援を受けるた
めに、頻繁にピッチを行っていることを聞き、ピッチの重要性を実感し
た。書籍の電子化の仕事をしている"1 Dollar Scan"の訪問とAFMの
事業を始めている"Scube Probe Technologies"の訪問では、ビジネス

111

モデルの多様性を学ぶこともできた。富士フイルム株式会社の"Open Innovation Hub"とパナソニック株式会社の"R&D Company of North America"では日本と異なる環境でのイノベーションの創出をねらっている現場を見学し、どのような活動をしているかを聞くことができた。スタンフォード研究所では、今回は、学生が自分のビジネスアイディアについてピッチを行い、アドバイスを受けることができた。

参加学生は、米国西海岸でのスタートアップについて刺激を受けただけでなく、アントレプレナーシップには何が重要で何が難しいかも学ぶことができたと報告している。

写真6-4　Plug and Playにて　　写真6-5　スタンフォード研究所でのピッチ

6.3.5　シンガポールツアー（2015年度）

キャリアプラン作成に向けた海外交流会参加の応募書類（巻末付録11）を、リーディング支援室のメンター教員で審査し、8名の履修生が2016年3月13日から17日の期間でシンガポールを訪問した。

（1）シンガポール大学

シンガポール大学（NUS）の訪問では、多様な文化的背景を持つ学生と交流を行うことができ、それぞれの出身国とシンガポールの差異や、ドクターコースにおける研究生活の様子などについて議論した。多様な

文化を持つ人たちが当たり前に暮らし、勉学している環境では、「グローバル」は日常であり、日本においての「グローバル」とは日本の閉鎖性を象徴していることと理解した。また、シンガポールの教育制度や奨学金制度についても知ることができた。卒業後、海外で研究生活をすることになる場合のイメージを摑むことができた履修生もいた。

（2）国立研究開発法人理化学研究所シンガポール事務所

　シンガポールが国としてどのような方針で研究を行っているのかを聞き、国立研究開発法人理化学研究所シンガポール事務所がバイオポリスというバイオメディカル分野の研究拠点で官民一体となって研究している状況が分かった。Ph.D.所有者が近年ますます増えていることや、人材ネットワーク形成の重要性についても学ぶことができた。

（3）日立アジア社研究開発センター

　物流拠点であるシンガポールに設置された、株式会社日立製作所のR&D部門を訪問し、10名の多国籍の研究者とディスカッションすることができた。日本と違い、会社を選ぶのではなく、仕事を選んで入社してきた研究者たちから話を聞き、多様な国の人たちと働く機会ができた時に、外国人がどのようなマインドセットで働いているのかを知ることができた。また、日立アジア社研究開発センターの研究者の8割以上がPh.D.所有者ということも知った。

（4）Gooute社（日本人がシンガポールで起業したベンチャー会社）

　社員の方だけでなく、Skypeで対応いただいた社長からは、ベンチャー企業が起業するのにシンガポールが適している場所であることを聞いた。スタートアップ企業で働く人たちのマインドを知るとともに、自分たちとは全く異なるバックグラウンド（ファイナンス・経理・財務

113

関係)の方とのディスカッションを通じて異分野・スタートアップ・企業家精神を考えるきっかけとなった。また、ベンチャー企業から見た「市場」についての考え方が新鮮であり、訪問前は、スマートフォンなどの分野では大きな市場にならないと考えていたアジア圏をはじめとする発展途上国が、実は今まさに大きな市場となっていることを知って驚いた。また、この会社のビジネスモデルから、圧倒的な技術的新規性や優位性がなくとも、市場に注目して正確に読み取ることができれば、ビジネスが見えてくると感じた。

　これらの訪問を通じて、「グローバル」についての認識が深まるとともに、いろいろな文化を持つ人たちとの仕事での苦労やコミュニケーションをとる心構えなどを学ぶことができた。また、海外で働くことが競争の激しい場所であることを実感するとともに、自分をレベルアップさせるには良い場所であると考えることができた履修生もいた。

6.3.6　グローバル拠点とのアイディエーション

　Fledgeプログラムで連携関係にある米国西海岸シリコンバレーや、カンボジア、タイなどのアジア諸国との間で、Skypeで接続し、現地の事業家や投資家とディスカッションを行い、世界各地のアントレプレナーシップを直接感じて、その考え方を学んだ。

写真6-6　シリコンバレーとSkype接続

6.4　テックソン（Tech-thon）

　自らの技術、アイディアをビジネスに結びつける企画を競うコンテス

第6章 アントレプレナーシップ教育との連携

トは、最近になって自治体主催、大学主催、民間企業主催など多くの団体で開催されている。その中で直接起業に繋がらなくとも、学生が自分たちのアイディアや企画を競うことができるものがいくつもある。この中の幾つかのコンテストでは本プログラムの履修生が参加して、優秀賞や最優秀賞などを受賞している（表6-5、詳細は第7章7.3参照）。

表6-5　ビジネスコンテストへの参加

ビジネスコンテスト	主催者	受賞
京阪神学生ビジネスプラングランプリ	京阪神学生ビジネスプラングランプリ連絡協議会	優秀賞
MEET UP KANSAI	（株）りそな銀行、（株）近畿大阪銀行	最優秀賞
オムロンコトチャレンジ	オムロンベンチャーズ（株）	オーディエンス賞
ビジネス構想コンペティション	東京工業大学博士課程教育リーディングプログラム	最優秀賞

大阪府立大学でもアイディアコンテストを2016年から開始したが、これは技術をベースにしたビジネス企画を行うものである。「芽となる技術」の上に事業化アイディアを積み上げるものとして、Technologyとmarathonから作った造語として、テックソン（Tech-thon）と命名している（図6-2）。大阪府立大学高等教育推進機構の高度人材育成センターが主催し、主に大学内の学生、教員が参加している。また、多くの民間企業にも声をかけて、優秀な企画のグループには、企業から試作のための材料などを提供してもらっている。2016年度に企画したグループのテーマは、

- 簡易アレルゲン検査キットの開発
- セグウェイを用いたゲーム開発
- 市販のペンで書いたことをPCに出力する装置開発
- 自転車走行の振動を利用した尾灯の開発
- RFタグを用いたアプリの開発

115

- シングルマザー支援プラットフォームの開発

であった。

2017年度からは、株式会社大阪取引所にも協賛いただき、分野を問わず、さまざまな技術・アイディア・視点を持つ学生・教員・社会人がチームを組み、デザイン思考による技術とアイディアを繋ぎ、社会課題の解決案を模索することで、新しい事業の芽を共創することを目的として開催している。

【参考文献】

1) Barr, Baker, Markham and Kingon BRIDGING THE VALLEY OF DEATH: LESSONS LEARNED FROM 14 YEARS OF COMMERCIALIZATION OF TECHNOLOGY EDUCATION, Academy of Management Learning and Education, Sept. 2009

2) Angus I Kingon, Russell Thomas, Stephen K Markham, Lynda Aiman-Smith, and Roger Debo, An Integrated Approach to Teaching High Technology Entrepreneurship at the Graduate Level, Proc. of the 2001 American Soc. for Engineering Education Annual Conference

3) 星 エリ、ニューメキシコ大学における産学連携活動と技術移転活動、科学技術振興機構 産学官の道しるべ 2015年12月号

第6章　アントレプレナーシップ教育との連携

図6-2　テックソン案内（2016年度）

Column 5

ことづくり人材をどうやって育成するか？

　物質基礎科学、物性物理、物質化学、物理化学、デバイス物理、材料プロセスの分野で「ことづくり人材をどうやって育成するか？」、この命題は、システム発想型物質科学リーダー養成学位プログラムのカリキュラム設計にとって最も難しいものでした。物質科学を専門とする学生は平素から自身の研究の出口を考えながら研究を行っていますが、非常に狭い領域に設定されている場合が多いように思います。システム発想を根幹に据えることによって例えば、物質基礎科学〜デバイス物理〜プロセス科学〜デバイス科学を見通しながら自身の研究を俯瞰することができると、視野はより広くなります。しかしながら、それではこれまでの教育システムと大きな差異はなく、ことづくり人材を育成するには不十分であることは明白でした。

　そこで本プログラムでは、いくつかの仕掛けをしました。修士1年次に「戦略的システム思考力演習」でシステム思考やデザイン思考を学びながら自身の研究を俯瞰させ、新しい出口を見出す、という演習科目を設置しました。まだ、研究そのものを始めたばかりの履修生に「研究を俯瞰する」ということがいかに難しいか、これからどのようなものの考え方をしていかなければならないか、を感じてもらうためです。階層化されたシステム図をもとに議論することによって自分の議論の立ち位置がどこにあるかを知ることができ、ブレーンストーミングする際に必須の能力であることも知ることになります。さらに物質系の学生がいかにシステム思考で階層化することが苦手であるか、システム系の学生と比べて発想の原点と思考方法が全く異なる、ということを知ることになります。デザイン思考では、共感することの重要性を学びます。「ことづくり」が、共感から始まり、本当の目的は何か？　そのユーザはだれなのか？　などを考えなければならないことを学びます。

　このようにして学んだ「気付き」をどうやって「ことづくり人材」としての素養を身に付けるか、が最大の課題でした。博士人材だけが受講する通常のカリキュラムの範疇でこれらの素養を身に付けることは難しいと判断し、カリキュラム外にフェーズの違うさまざまなアイディエーションやアントレプレナーシップを醸成するイベントを設置し、履修生自身が自身の足りない部分を考えながら、自分でこれらの演習やイベントを選択し、カリキュラム外科目を自由に設計するためのシステムを設置しました。

　M1で感じた「自身に必要な素養」を身に付けるために、ビジネスアイデア創出コース、ビジネスプラン作成コース、起業実践コース、アントレプレナーシップの基礎を学ぶe-Learningを設置し、その最後に、カリキュラム外科目であるアイディエーションワークショップを催すことで、高校生、文系や医療系学域生（学部生）、他大学学生、企業研究者、企業経営者、金融関係、NPO団体などの多分野、多様な人材が参加して議論をす

第6章　アントレプレナーシップ教育との連携

る機会を得て、イノベーション・エコシステムの源泉となりました。これは、グローバルアントレプレナー育成促進事業（EDGEプログラム：Enhancing Development of Global Entrepreneur Programの略、2014～2016年度：文部科学省）の協力によってスムーズにそしてシームレスに進みました。

　これらの考え方は、自分の研究成果やアイディアをどのようにビジネスに広げるか？どうやって教育したらよいか？　米国のブラウン大学で大きな実績を残されたAngus I. Kingon教授との20年にわたる交流が実を結んだものです。現在、ブラウン大学では技術ベースのビジネス展開を目指す9ヶ月間の修士課程（PRIME: Program in Innovation Management and Entrepreneurship）があります。本プログラムでは、その内容を1週間にまとめてとても内容の濃いアントレプレナーシップ演習を実施しています。ニューメキシコ大学では、産学連携の技術移転の部署が中心となってアントレプレナーシップ演習を実施しています。どちらの演習も最終日に技術ベースのビジネス企画案をピッチトークで行うことになっています。ブラウン大学ではPRIME所属の大学院生、教員そして卒業生の企業家が参加してかなり厳しい議論が行われます。日本におけるビジネス展開に興味があるためで、ポルトガルや韓国、アフリカなどへの視察がカリキュラム化されており、ビジネスのグローバル展開に関しての細やかな教育の成果がうかがえます。ニューメキシコ大学では、スタートアップのCTOやCEOそして投資家まで参加して議論が行われ、詳細なコメントを文章でもらうことができます。これらは、国際アイディエーション演習としてカリキュラム化されており、すでに、38名がこの演習に参加しています。ここでも、ダイバーシティが意識されており、リーディング大学院生だけでなく、若手教員や大学職員、そして学域生や高専生も参加しており、いろいろなフェーズの企画を実感することになります。

　このような技術ベースのアントレプレナーシップ教育は、韓国、台湾、カンボジア、マレーシア、ベトナムなどのアジアの大学へと展開し、本学教員が現地で演習を指導することが定常的に行われています。ブラウン大学で開発されたアントレプレナーシップ教育は、本学で「日本版ことづくり人材育成システム」として発展し、それがアジア各国へと展開されています。

プログラム副コーディネーター

大阪府立大学大学院　工学研究科　教授

藤村紀文

第7章

リーディングプログラムの成果

　本プログラムの目標は、ディプロマ・ポリシーから展開した7つの素養（第4章表4−1）を履修生が学びとることであり、QE試験、PD試験、最終のDefense試験により、履修生それぞれの達成度を確認してきた。これらは、いずれも学内での自己評価であり、ここでは、プログラムの成果が目に見える形で、具体的に表れたものとして、下記の5項目を紹介する。

　1）自主研究による異分野融合への取り組み

　2）留学生との交流、海外大学との交流などによる国際発信力養成

　3）学内外のアイディアコンテストを通じた「ことづくり」理解

　4）他大学との交流による、広い視野、俯瞰力の養成

　5）企業フォーラム、インターンシップなどによる産業的イノベーションの理解

　本章の最後では、企業への就職やアカデミアとしての活躍の場の確定など、1期生の卒業後の進路についても紹介する。

7.1　自主共同研究の活性化

7.1.1　履修生の自発的な自主共同研究の実績

　自主共同研究は、費用面でのサポート、メンターによる自主共同研究

の促進などにより、26グループによる活発な活動となり、履修生の異分野理解、異分野融合の考え方の理解を大いに進めることができた。

活動グループは、自主共同研究の開始経緯から、主に次の3つに分類される。

(1) 複数の履修生で自主的に始めたもの

全く自主的に始まったものの他に、外部のビジネスコンテストに参加することを契機として始まったグループ、さらにTEC-Iの受講の際に企画した内容を発展させることで始まったグループなどがある。履修生同士のグループは、第5章5.11で記載した自主共同研究発表会が契機となったグループもある。

表7-1　自主共同研究の分類1：複数の履修生で実施

	履修生	所属	研究テーマ
Gr.1-1	M.I	航空宇宙工学分野	信頼性に基づく最適設計と進化型計算を組み合わせた手法の構築と実用に関する研究
	T.H	知能情報工学分野	
Gr.1-2	Y.F	数理工学分野	光発熱及び熱電変換を技術ベースとした新規システムの提案
	G.M	応用化学分野	
	M.M	応用化学分野	
Gr.1-3	N.M	生物科学専攻	酵素タンパク質を土台とした人工酵素の設計
	A.I	応用生命科学専攻	
Gr.1-4	S.N	機械工学分野	簡易型野菜鮮度測定モジュールの開発
	M.H	電子物理工学分野	
	Y.O	電子情報系専攻	
Gr.1-5	A.D	化学工学分野	採算性の高い循環型植物工場の設計
	S.N	機械工学分野	
Gr.1-6	A.S	応用化学分野	機能性酸化グラフェン含有ナノキャリアの作製と医療分野への展開
	M.M	応用化学分野	
Gr.1-7	K.S	応用生命科学専攻	廃棄農作物の循環システムにおけるミミズ最適生育条件の検討とミミズ堆肥の有用性の解析
	G.Y	応用生命科学専攻	
	M.F	応用生命科学専攻	
Gr.1-8	A.K	物質化学専攻	光・電子線照射による原子捕捉・冷却技術の確立と大電流コヒーレントイオン線源への応用
	Y.O	電子情報系専攻	
	Y.G	電子・数物系専攻	

	履修生	所属	研究テーマ	
Gr.1-9	F.N	電子・数物系専攻	超高分解能SQUID顕微鏡の開発	
	A.H	物質化学専攻		
	H.H	機械物理系専攻		
Gr.1-10	O.P	応用化学分野	Reaction chamber and NO collector	
	N.M	応用化学分野		
	A.D	化学工学分野		

(2) 研究室ローテーションが契機となったグループ

　研究室ローテーション先で行っていた研究をさらに進めたい、との希望からローテーション先の教員等との研究を自主共同研究として継続したグループ。

表7-2　自主共同研究の分類2：研究室ローテーション先との自主共同研究継続

	履修生	所属	研究テーマ	共同研究先
Gr.2-1	Y.K	生物科学専攻	実験動物の行動解析による環状ヌクレオチド誘導体と記憶の関係に関する研究	東京都健康長寿医療センター 大阪府立大学獣医学専攻
Gr.2-2	A.S	応用化学分野	細胞分裂を指向したマイクロ分析デバイスの開発と実試薬を用いたデバイス性能評価に関する研究	近畿大学薬学部

(3) 外部教員等との自主共同研究

　ビジネスコンテスト、インターンシップその他の機会に知り合った外部の教員と自主的に、自分の専攻と異なる内容を始めているグループ。

表7-3　自主共同研究の分類3：外部の教員あるいは学生との自主共同研究

	履修生	所属	研究テーマ	共同研究者
Gr.3-1	K.N	応用化学分野	エアロゾルから見た南大洋・南極沿岸域の物質循環過程	福岡大学理学部地球圏科学科
Gr.3-2	K.K	電子物理工学分野	モーションフィードバック型スポーツウェアの開発	奈良先端科学技術大学院大学情報工学研究科他
Gr.3-3	T.S	航空宇宙工学分野	垂直降下フェーズにおける月探査衛星の水平位置制御に関する研究	JAXA宇宙機応用

| Gr.3-4 | H.H | 機械物理系専攻 | 電気めっき形態に起因した構造色による表面損傷の検知 | 千歳科学技術大学理工学部 |
| Gr.3-5 | M.F | 応用生命科学専攻 | 三次元画像分析手法を用いた作物根系の立体構造の時系列的な解析 | 大阪府立大学知能情報 大阪府立大学植物バイオ |

　これらのグループの活動内容の詳細は巻末付録14に付記した。特に、Gr.1-2のグループは自分たちの自主共同研究の成果を応用物理学会に発表しており、その内容は巻末付録15に示す。

7.1.2　自主共同研究費の有効活用

　自主共同研究費は、履修生が自分で予算を管理するという経験を初めて行うものであり、将来企業の研究者あるいはアカデミアでの活動に必要な経験となっている。

　自主共同研究費の使用実績を2015年度、2016年度を例として図7－1、図7－2に示す。例年の使用目的として、

国内の学会への参加費用：	40-50%
国際会議への参加費用：	20-35%
自主共同研究に使用した消耗品やセミナー参加費など：	15-20%
自主共同研究に必要な書籍など：	5 - 6 %

となっており、海外を含め発信力のレベルアップや自主共同研究の活性化に寄与していることが見て取れる。

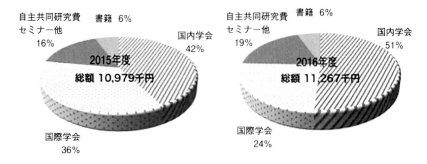

図7-1　自主共同研究費使用実績内訳
　　　（2015年度）

図7-2　自主共同研究費使用実績内訳
　　　（2016年度）

7.2　留学生受け入れとグローバル化への対応

7.2.1　留学生の受け入れ

　本プログラムでは2013年にスタートして以来、2015年度以降継続的に留学生の受け入れを行ってきている。2015年度はベトナムと中国から2名の留学生、2016年度はフランスとベトナムから2名、2017年度はベトナムから1名を受け入れてきた。

　留学生の受け入れに関しては、2つの選抜方法で行っている。1つは外国人履修生特別枠採用で入学前年度の夏から秋にかけて、先行して実施する。これは留学生が大学院入学試験より前に日本での経済基盤を確立することで、日本の大学院入学をよりスムーズに行えるようにするためである。もう1つは日本人学生と同じ通常の選抜試験である。これはすでに日本での滞在を開始し、生活基盤が確立されている学生や日本語の修得レベルが一定以上ある学生を対象としている。なお海外から直接受験する学生については、Skypeを用いた面接試験を実施した。

7.2.2　英語コミュニケーションの能力向上

　選択科目であるグローバルコミュニケーション演習（詳細は第5章

5.6参照）は履修生のほぼ全員が受講した。本演習の過程では、演習前後に履修生各自のレベルをテスト（TSST（英語スピーキングテスト））した。その結果（図7-3）を見ると、1期生から3期生までの合計で、レベルが1つ上がった履修生が18名（45％）、レベルが2段階上がった履修生が4名（10％）となり、半年間の研修の成果が出た。この結果、このプログラムとして目標としているレベル5以上の学生が、研修前の5％から35％になった（留学生は調査対象から除外している）。

　レベル3：日常の簡単な会話ならできる
　レベル4：電話の取り次ぎ、挨拶など平易なコミュニケーションはできる
　レベル5：英語でコミュニケーションがとれ、ある程度議論可能
　まだまだレベル未達の履修生もいるが、留学生との日々のコミュニ

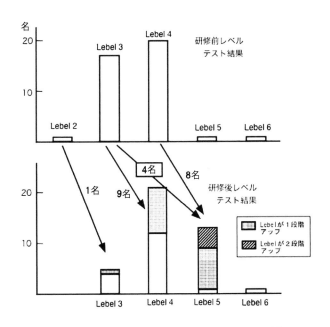

図7-3　グローバルコミュニケーション演習の結果

ケーションにより研鑽している履修生もあり、確実にレベルアップしている。この研修によりグローバルリーダー演習（海外留学）を実施できる段階にほぼ準備できたものと考えている。

7.2.3　海外大学との交流

　ディプロマ・ポリシーの1つである、「グローバルリーダーの養成」の一環として、大阪府立大学が文部科学省の日本・アジア青少年サイエンス交流事業「さくらサイエンスプラン」で招聘したアジアの大学との交流会を、本プログラムの1つとして行ってきた。開催実績を表7-4に示す。

表7-4　さくらサイエンスプラン来訪大学とSiMS参加学生

来訪大学	日付	参加者	
		来訪大学	SiMS学生
王立プノンペン大学 #1	2014/8/27	10	8
王立プノンペン大学 #2	2015/9/29	10	15
マレーシア工科大学	2016/11/3	10	12
国立台南大学	2017/2/6	8	7
王立プノンペン大学 #3	2017/8/7	9	10
泰日工業大学	2017/11/20	10	5

　学生（大学院生を含む）8～10名と指導教員数名が約1週間の予定で来訪し、その間に、下記の内容をこなす。
（1）受け入れ元となっている研究室での最先端研究の紹介を聞く
（2）関西地区にある企業の工場見学
（3）大阪府立大学の講師によるアントレプレナーシップの講義
（4）大阪府立大学内の植物工場見学やICT関連研究室見学

第7章　リーディングプログラムの成果

　これらのスケジュールを実施する中で、リーディング大学院履修生と一緒になって、およそ1日（約6時間）の簡略版の「戦略的システム思考力演習」を行った。

　具体的には、来訪大学の学生と履修生とが混在した3、4班を作り、

（a）班内の履修生の専門分野などの簡単な自己紹介（3、4分／名）。

（b）班内の履修生全員がよく知っている製品あるいはサービスを「ターゲット」として選定する。

（c）ターゲットが目的とする要求項目（効能）を列挙する（全ての要求項目を考えたかの討議）。

（d）列挙した要求項目について、来訪学生の母国と日本との相違点を討議し、優先順位が国により違うかを考える。

（e）要求項目を実現するための機能を列挙する。

（f）優先順位の高い要求項目に新たな機能を加える可能性、新規性を考え、その新規性が目的（システム）全体に与える影響を考える。

（g）各班内での討議内容をまとめて、各班の代表あるいは全員で、参加メンバー全員の前で発表し、質疑応答を行う。

　以上のような形での演習を行った。英語でのコミュニケーションがまだ十分できない履修生にとっては、かなり厳しい演習となったが、必要に迫られてのコミュニケーションで相互理解が深まった。特にアジア諸国との間では、住所表記に違いがあったり、システムの中で優先する要求項目の違いが文化的な背景に由来しているもの（例えば主食である米に対する考え方の相違など）もあり、演習の議論の中で異文化への理解も深まった。演習形式での講義の様子を写真7−1、写真7−2に示す。

127

写真7-1　マレーシア工科大学との演習　　写真7-2　泰日工業大学との演習

7.3　学内外でのアイディアコンテスト

　本プログラムでは「ことづくり」を目指して、イノベーションを起こすことを可能にする新たな価値創造の学びを重要視している。この素養を醸成するために研究や基礎技術をベースにしたアイデアソンなどをプログラムの中に盛り込んでいる。

　履修生は博士前期課程の配当年次に「戦略的システム思考力演習」を必修科目として履修する。この科目では、学術研究の成果をいかに社会が要請するアプリケーションに結びつけるかを考えさせる。

　演習は4名ないし5名のグループ単位で行い、それぞれのグループに企業幹部出身者であるメンターが配置される。グループ別のダイアログ、企業関係者へのヒアリングの後、合宿形式でのワークショップで中間報告を行い、さらに討議を深め、最終的にはグループ単位で全員参加の調査分析結果発表を行う。この訓練によって、履修生は目指すべき「ことづくり」とは何かを徹底的に学んでいく。この演習の中で、従来と構造の異なる空気清浄機、臭い拡散制御システム、MEMSを用いた植物DNAポータブル分析など、多くのユニークなテーマが生まれている（巻末付録10）。

　そしてさらには、これらの過程で学んだ基礎知識を単なる知識だけに

第7章　リーディングプログラムの成果

終わらせることなく、実践できる能力にまで磨き上げるため、多くの場も提供してきている。履修生たちは、学内外の多くのアイディアコンテスト、ビジネスコンテストなどに演習で磨いたアイディアをベースにさらに磨きをかけて参加し、その実践力を高めるとともに、多くの経験を積み上げてきた。その実績の一部を表7−5に示す。単に参加するだけでなく確実にその成長と成果を、形あるものと残してきた。

表7−5　学内外コンテストでの実績一覧

2015年度　活動

●オムロン コトチャレンジ（主催：オムロンベンチャーズ（株））（6月） "オーディエンス賞" 【奈良先端科学技術大学院大学との混成チーム】 ・K.K（大阪府立大学大学院 工学研究科 電子・数物系専攻 博士後期課程1年）
●ロボットハッカソン（主催：大阪イノベーションハブ他）（7月） "iRooBO賞"、"株式会社リバネス賞" 【チーム名：ピチピチボーイズ】 ・K.K（大阪府立大学大学院 工学研究科 電子・数物系専攻 博士後期課程1年） ・S.N（大阪府立大学大学院 工学研究科 機械系専攻 博士前期課程1年） ・Y.M（大阪府立大学大学院 工学研究科 電子・数物系専攻 博士前期課程1年） ・A.K（大阪府立大学大学院 工学研究科 物質・化学系専攻 博士前期課程2年）
●SOCIAL MAKERS CAMP 2015（主催：SMC2015実行委員会）（8月） 決勝進出 ・S.N（大阪府立大学大学院 工学研究科 機械系専攻 博士前期課程1年） ・A.D（大阪府立大学大学院 工学研究科 物質・化学系専攻 博士前期課程1年） ・S.I（非履修生、大阪府立大学 工学域 電気電子系学類4年）
●第1回ビジネス構想コンペティション（主催：東京工業大学博士課程教育リーディングプログラム4教育院）（2016年3月） "優秀賞"（ファイナリスト10チーム中、最優秀賞1チーム、優秀賞2チームのうち採点結果としては最優秀賞に次ぐ点数） ・D.A（大阪府立大学大学院 工学研究科 物質・化学系専攻 博士前期課程1年） ・S.N（大阪府立大学大学院 工学研究科 機械系専攻 博士前期課程1年）

2016年度　活動

●第2回オムロンコトチャレンジ（主催：オムロンベンチャーズ（株））（7月）
"オーディエンス賞"
- Y.O（大阪市立大学大学院　工学研究科・M2）、S.N（大阪府立大学大学院　工学研究科・M2）、M.H（大阪府立大学大学院　工学研究科・D1）

●大阪府立大学ビジネスアイディアコンテスト（主催：Fledge、協賛：大阪府立大学校友会、大阪府立大学後援会）（11月）
"優勝（校友会グランプリ賞）"
- G.Y（大阪府立大学大学院　生命環境科学研究科・M2）

●MEET UP KANSAI Vol.1（主催：（株）りそな銀行・（株）近畿大阪銀行）（2017年1月）
"最優秀賞"
【チーム受賞】
- N.F（大阪府立大学大学院　工学研究科・D1）、T.K（大阪市立大学大学院　工学研究科・M1）、M.F（大阪府立大学大学院　生命環境科学研究科・M1）

●京阪神学生ビジネスプラングランプリ2017（主催：京阪神学生ビジネスプラングランプリ連絡協議会）（2017年2月）
"優秀賞"
- G.Y（大阪府立大学大学院　生命環境科学研究科・M2）

●第2回ビジネス構想コンペティション（主催：東京工業大学博士課程教育リーディングプログラム4教育院）（2017年2月）
"最優秀賞"
- A.D（大阪府立大学大学院　工学研究科・M2）
"優秀賞"
- S.N（大阪府立大学大学院　工学研究科・M2）、M.F（大阪府立大学大学院　生命環境科学研究科・M1）

2017年度　活動

●マイナビ-MITG 医薬品メーカー経営戦略ゲーム2017（主催：株式会社マイナビ）（7月）
決勝大会に進出、「Best代表賞」受賞
チーム「SiMSケミスト」：M.M（大阪府立大学大学院　工学研究科・D2）、Y.H（大阪府立大学大学院　工学研究科・M2）、M.I（大阪府立大学大学院　工学研究科・M2）他1名

第7章　リーディングプログラムの成果

●IDEA Asia Pacific Summer Camp 2017（主催：九州大学）（9月）
「Grand Prize」受賞
K.S（大阪府立大学大学院 生命環境科学研究科・M2）
S.N（大阪府立大学大学院 工学研究科・D1）

●リケジョ・イノベーターへの道（主催：立命館大学イノベーション・アーキテクト養成プログラム）（10月）
P.K.O（大阪府立大学大学院 工学研究科・D1）、M.I（大阪府立大学大学院 工学研究科・M2）、F.H（大阪府立大学大学院 工学研究科・M2）、M.M（大阪府立大学大学院 工学研究科・D2）

●Tech-thon 2017（主催：高度人材育成センター、協賛：(株) 日本取引所グループ大阪取引所）（10月〜2018年1月）
M.M（大阪府立大学大学院 工学研究科・D2）、M.I（大阪府立大学大学院 工学研究科・M2）、N.F（大阪府立大学大学院 工学研究科・D2）、Y.F（大阪府立大学大学院 工学研究科・D2）、G.M（大阪府立大学大学院 工学研究科・D2）、Y.M（大阪府立大学大学院 工学研究科・D1）、K.S（大阪府立大学大学院 生命環境科学研究科・M2）、T.R（大阪市立大学大学院 工学研究科・M2）、K.I（大阪府立大学大学院 工学研究科・M2）、Y.S（大阪府立大学大学院 工学研究科・D2）、N.K（大阪府立大学大学院 工学研究科・M2）
K.S、T.R、K.Iチーム：「IndeeJapan特別賞」受賞

●大阪府立大学ビジネスアイディアコンテスト（主催：Fledge、協賛：大阪府立大学校友会、大阪府立大学後援会））（11月）
"優勝（校友会グランプリ賞）"
K.S（大阪府立大学大学院 生命環境科学研究科・M2）、K.I（大阪府立大学大学院 工学研究科・M2）、T.R（大阪市立大学大学院 工学研究科・M2）、D.T.T（大阪府立大学大学院 工学研究科・M2）

●KANSAI STUDENTS PITCH Grand prix 2018（主催：KANSAI STUDENTS PITCH Grand Prix連絡協議会）（2018年2月）
チーム：K.S（大阪府立大学大学院 生命環境科学研究科・M2）、K.I（大阪府立大学大学院 工学研究科・M2）、T.R（大阪市立大学大学院 工学研究科・M2）、D.T.T（大阪府立大学大学院 工学研究科・M2）

●アントレプレナーシップ教育とアントレプレナー養成への挑戦（主催：WASEDA-EDGE人材育成プログラム）（2018年3月）
チーム：K.S（大阪府立大学大学院 生命環境科学研究科・M2）、K.I（大阪府立大学大学院 工学研究科・M2）、T.R（大阪市立大学大学院 工学研究科・M2）、D.T.T（大阪府立大学大学院 工学研究科・M2）

7.4 他大学・他リーディングプログラムとの交流
7.4.1 他大学との交流
　限られた範囲で活動するのではなく、さらに活動範囲を広げてもっと多くの違った考え方や価値観を持った人たちと交流することで、自らの視野をさらに広げようと企画し、大阪大学リーディングプログラムとの交流会「SiMS×Cadet合同シンポジウム」を行った。図7-4に案内ポスターを示す。この企画は双方の履修生たちが、企画から運営、実行まで全てを行ったものである。交流会のスケジュールを巻末付録16に示す。

図7-4　SiMS×Cadet合同シンポジウム

　本シンポジウムは、2016年12月7日・8日の2日間にわたり、大阪府立大学のサテライト教室「I-siteなんば」において、双方の学生、総勢

約40名、教員7名が加わって開催された。内容は招待講演と自らの研究テーマを紹介するオーラルセッション、異分野融合を意識し分野グループごとにディスカッションをメインにしたポスターセッションで構成した。招待講演の様子を写真7-3に、ポスターセッションの様子を写真7-4に示す。

招待講演は、産学官を意識し各分野から1名ずつ、興味深いテーマで講演してもらえる方々を自らで選出し、依頼した。オーラルセッション、ポスターセッションでは、大学の垣根を超えて、それぞれの研究分野を軸に異分野融合の観点から、意見交換をしながら見識を深めるとともに、それぞれがその視野を広げる機会となった。

写真7-3　招待講演の様子　　写真7-4　ポスターセッションの様子

また同じリーディングプログラムに所属する学生と言えども、所属する大学やプログラムが異なればこうも異なるものなのか、ということを実感したようである。

本シンポジウムは準備から手配、開催、実行まで全てを学生の手で行い、単なる交流会ではなく、リーダーシップ力、実行力、マネジメント力、コミュニケーション力など、授業では得られない素養を磨く、良い実践の場になった。

7.4.2　博士課程教育リーディングプログラムフォーラム

　学外プログラムとの交流としては2015年度から開催されている「博士課程教育リーディングプログラムフォーラム」がある。

　このフォーラムはプログラムに参画している全30大学、全62プログラムが一堂に会して、進捗や成果などを確かめ合う場、さらには産業界との接点を形成する場となっている。履修生は他大学、他プログラムと交流を図るために、これらの行事にも積極的に参加してきた。

　このフォーラムはこれまでに下記に示すように、3回開催されてきた。

①第1回目

　2015年10月24日・25日　主催：東京大学

　会場：ベルサール新宿グランド　1Fイベントホール他

②第2回目

　2016年11月11日・12日　主催：慶應義塾大学

　会場：ヒルトン東京お台場　1Fペガサス他

③第3回目

　2017年10月20日・21日　主催：名古屋大学

　会場：名古屋マリオットアソシアホテル　16Fタワーズボールルーム他

第1回目のフォーラムは、

①パネルディスカッション　②学生フォーラム　③プログラムワークショップ　④スタッフセミナー　⑤ポスターセッションで構成された。

　このうち②学生フォーラムは、

- リーダーシップ教育
- 異分野横断や交流
- グローバル化や国際化
- 産業界や公的機関などの連携
- 実社会課題に基づくプロジェクトワーク

第7章　リーディングプログラムの成果

　上記の5つのワーキンググループが組まれ、各ワーキンググループに1名ずつ、合計5名の履修生が参加した。日本語、英語での取り組みで、他のプログラムの履修生たちと議論を重ね、各ワーキンググループでの提案を取りまとめ、最終日に発表を行った。写真7-5にその様子を示す。

写真7-5　博士課程教育リーディングプログラムフォーラムの様子

第2回目のフォーラムは、
①招聘講演　②産学ラウンドテーブル　③学生ラウンドテーブル　④意見交換会　⑤学生による討論会　⑥出口討論分科会
で構成された。

　本プログラムからは、①招聘講演　②産学ラウンドテーブル　③学生ラウンドテーブルにそれぞれ6名の履修生が参加、④意見交換会には5名、⑤学生による討論会には5名が、⑥出口討論分科会には9名の履修生が参加した。

　このフォーラムはプログラム開始初年度に採択されたプログラムで初めての修了生を社会に輩出するタイミングでの開催で、日本経済団体連合会（経団連）との共催のもと産学共創による次世代の博士人材育成と活用を考える場となった。このため、経団連からの参加者と直接意見交換できる④意見交換会では、履修生は積極的に参加し、自らのアピール

に熱を入れた。

第3回目のフォーラムは、
①基調講演　②ショートプレゼン　③パネルディスカッション　④学生ポスター発表　⑤意見交換会　⑥分科会
で構成された。
　①基調講演には7名の履修生が、④学生ポスター発表には4名の履修生、⑤意見交換会には7名の履修生、⑥分科会には7名の履修生がそれぞれの分科会に参画して、他大学の学生と意見を取り交わし、提言をまとめ上げた。写真7-6にポスターセッションの様子を示す。

写真7-6　ポスターセッションの様子

　この年のフォーラムは初年度採択校が最終年度を迎えるタイミングであった。そのため前2回開催のフォーラムで主であった各プログラムの取り組み、履修生が得た成果や、身に付けた素養、スキルを発信するだけでなく、本プログラムが「受け継いでいく財産（レガシー）とは何か？」、さらに大学院教育はどうあるべきかを主眼に置いた開催となった。

第7章　リーディングプログラムの成果

　このために⑥分科会では「出口戦略」「プログラム定着」「多様性推進」をテーマに多くのワーキンググループで議論を白熱させ、興味深い提言が多くなされた。本プログラムからも7名の履修生が積極的に参加し、最終選考に残るまでの優秀な提言をまとめ上げるところまで参画していた。

　「博士課程教育リーディングプログラムフォーラム」には毎回多数の履修生が参加しており、同じリーディングプログラムでありながら目的、目標が異なるものを目指した他大学生と交流することで、新たな刺激を受けていることが多い。大学の中だけの活動であると極めて少数で限られたネットワークだけの活動になりがちであるが、年に一度のこのフォーラムに参加することで、志や同じ方向を目指す仲間がいることを知り、さらなる広いネットワークを構築できるとあって、履修生の成長に寄与するところは大きい。

7.5　産業界との接点の拡充

　本プログラムは産業界を牽引できるグローバルリーダーを育成することを目的にしていることから、企業の方々と、本プログラムの目的・内容について情報を共有し、履修生の指導・教育面での支援をいただくために、いろいろなイベントを開催してきた。これらのイベントを通じて、履修生は卒業後に産業界のリーダーとして活躍するための心構えを学ぶなどの準備を行うことができた。

7.5.1　インタラクティブ・マッチング

　「インタラクティブ・マッチング」は、2008年に「産業牽引型高度人材育成プログラム」の開始とともに開催されるようになったもので、ポ

137

スドクと博士後期課程の学生を対象に、自らの専門分野と研究テーマを短時間で紹介するなど、企業に売り込む場となっている。企業からは、研究開発担当者、人事関係者など業界・分野問わず十数社、数十名に参加いただいている。2012年からは、「公立３大学産業牽引型ドクター育成プログラム」が開始され、大阪市立大学、兵庫県立大学と大阪府立大学の３大学共同で開催されてきた。その開催記録を表7-6に示す。

表7-6　インタラクティブ・マッチング開催記録

年度	No.	開催日	概要	開催場所
2008	1	10. 7	第１回の試行	大阪府立大学構内
2009	2	6.12	PD 2名、D1 5名、D2 4名、D3 1名	大阪府立大学構内
	3	11.27	D1 5名、D2 3名、D3 6名	大阪産業創造館
2010	4	9.28	知能情報工学分野でのポスター発表 46件	大阪府立大学Ｉ構内
	5	2011. 3. 7	PD 4名、D1 5名、D2 2名	大阪産業創造館
2011	6	9.30	PD 4名、D1 2名、D2 2名	大阪産業創造館
	7	3. 5	D1 4名、D2 4名、D3 1名	大阪産業創造館
2012	8	10.11	D1 6名、D2 3名	大阪府立大学構内
	9（３大学）	2013. 3.12	PD 1名、D1 3名、D3 3名	大阪市立大学梅田サテライト
2013	10	10. 4	PD 1名、D1 3名、D2 3名	大阪府立大学I-siteなんば
	３大学＃2	1.30	PD 1名、D1 5名、D2 2名	兵庫県立大学情報科学キャンパス
2014	３大学#1	7.25	PD 2名、D2 1名、D3 3名	グランフロント大阪
	３大学＃2	8.22	PD 1名、D1 1名、D2 1名、D3 2名、特任助教1名	グランフロント大阪
	３大学#3	11.14	PD 1名、D1 1名、D2 4名、D3 1名	グランフロント大阪
2015	３大学＃1	5.15	PD 4名、D3 3名	グランフロント大阪
	３大学＃2	7.31	PD 1名、D1 2名、D2 3名	グランフロント大阪
	３大学#3	11. 6	PD 2名、D1 2名、D2 2名	グランフロント大阪
2016	３大学#1	7.22	PD 4名、D1 2名、D2 1名、D3 1名	グランフロント大阪
	３大学＃2	10. 7	PD 1名、D1 2名、D2 2名、D3 1名	グランフロント大阪
	３大学#3	12. 2	PD 1名、D1 3名、D2 2名	グランフロント大阪
	府大#4	2017. 2. 3	D1 6名（SiMS学生4名）	ビジネスプラザおおさか
2017	３大学	12. 8	D1 3名、D2 5名（SiMS学生2名）	大阪市立大学梅田サテライト

　2016年からは、履修生も参加するようになり、毎回２～４名の履修生

が自己アピールを含めた研究紹介プレゼンテーションを行い、質疑応答を通じてさらに自らを売り込んでいく。これによって普段では得られないようなコメントや意見、視点の異なる質問で大きな刺激を受け、さらなる成長に繋げている。

このイベントにおける企業の方と学生の交流を機に、インターンシップや就職へと繋がっていく事例も出た。またこのイベントにおける履修生の成長は大きなものがあり、今後も継続して実施していく予定である。

7.5.2　企業フォーラム

「企業フォーラム」は、第4章4.4に記載したように、企業との連携を深めるため、主だった企業の技術責任者および人事責任者を大学に招いて2016年度から開催してきた。第1回と第2回開催では学長はじめプログラム関係者、教員と企業の研究責任者、人事責任者との交流を主たる目的とし、本プログラムの主旨や目指すべき学生の育成像を共有し、企業の賛同を得る場とした。第3回以降は実際に履修生と企業の方々の交流の場として、履修生は自己アピールを含めた研究紹介プレゼンテーションと自らの研究紹介を行うポスター発表で、企業の方々から直接、質疑応答やコメントなどの指導を仰いだ。

開催実績：

　　【第1回】2015年12月2日　電子・電気・情報系の企業を中心に開催
　　　　参加企業9社、技術・人事責任者13名
　　　　学校・教員　辻洋学長、他30名
　　【第2回】2016年4月13日　化学・生物・医療系の企業を中心に開催
　　　　参加企業8社、技術・人事責任者10名
　　　　学校・教員32名
　　【第3回】2016年10月26日　学生からの発表を主体に開催
　　　　参加企業15社、技術・人事責任者22名

履修生　Ｄ１・６名、Ｄ２・18名、計24名
　　　学校・教員　辻洋学長、他17名
　【第４回】2017年７月19日　第３回と異なる企業主体に学生からの
　　　　　　　　　　　　　発表
　　　参加企業15社、技術・人事責任者23名
　　　履修生　Ｄ１・４名、Ｄ２・７名、計11名
　　　学校・教員13名

　写真７-７の左上の写真は第１回の様子で、学長・プログラム責任者・プログラムコーディネーターおよび教員・メンターが参加し、本プログラムの内容や特徴を説明した後、企業の方からの意見や評価をもらっている様子である。右上と左下の写真は第４回の様子で、履修生が研究テーマや将来やりたいこと、自分の特徴などを企業の方々にプレゼンしている。また右下の写真は同じく第４回でのポスターセッションで、自分の研究テーマや本プログラムで取り組んだ内容をポスターで説明し、企業の方にアピールしているところである。このポスターセッションで

写真７-７　企業フォーラムでの様子

は、企業の方が直接履修生とインタラクティブに対話ができ、双方でマッチングできる良い機会となった。このような場を通じて自らを売り込むと同時に、企業の方々とマッチングを図り、インターンシップ、さらには就職へと繋げていっている。

　企業フォーラムの目的の１つとして、企業がどのような研究人材を期待しているのかを知る重要な機会と位置付ける。企業からのコメントやアンケートを通じて企業で活動するためにはどのような考え方や素養を身に付ければいいのかを履修生が確認できる機会ともなっている。今までの結果をまとめると、

（１）企業から博士課程卒業生に期待する人材とは、
　①高い専門能力と研究開発推進力
　②基礎知識に裏付けされた高い思考力
　③異なる部門を巻き込む力
　④多くの情報源を利用し取り込む力
　⑤グローバル性
となり、
（２）企業から見た本プログラムおよび履修生に対する評価は、
　　・プログラムの方向性は良い
　　　特に研究室ローテーション、異分野融合、海外留学など大きく期待できる
　　・インターンシップを受け入れても良い、関心がある学生が居る
というものであった。

　さらに、個々の素養について企業側の考えは、
（ａ）研究遂行能力としては、
　　・新しいことは一社単独では実現できないことが多くなることか

ら、異分野の研究、他の研究機関、他企業とも連携できる力が望まれる
- 新しい「こと」が生み出せ、そのゴールへのプロセスが提示できる「論理的な思考力」が求められる
（b）企業マインドとしては、
- 部門間連携で事業化のスピードアップに貢献できる
- カルチャーの異なる「異・部門」を受容でき、リーディングできる力
（c）グローバルに活躍できる力としては、
- 国を超え、領域を超えて最適な考えと行動ができる「グローバルな企業マインド」

ということが分かった。

　これらのことから、求められる人材は企業によって異なり、多様性を持っていると言え、履修生は自分に合ったキャリアを積むことが大切になることが確認できた。

　この企業フォーラムの活動を通して、本プログラムでの取り組み、方向は企業の考え方、期待の内容とほぼ合っており、企業から見ても十分魅力的な内容になっていることが確認できた。今後とも企業との連携を継続しながら博士人材の教育の現場にフィードバックしていく予定である。

7.5.3　インターンシップ

　もともと「産業牽引型高度人材育成プログラム」として、企業に多くの博士後期課程の学生や、ポスドクを企業インターンシップとして派遣してきたが、リーディング大学院（SiMS）の中では選択科目TEC-Ⅲとしてインターンシップを位置付けている。しかし、この科目としての

第7章　リーディングプログラムの成果

TEC-Ⅲは原則3ヶ月間のインターンシップとなっており、履修生にとって3ヶ月間の海外留学に加えて、3ヶ月間のインターンシップに参加することは研究時間への影響が大きく難しい。一方、履修生は就職活動の一環として、企業インターンシップを希望する者が多く、科目として選択するのではなく、例えば2週間程度から1月半程度の短期間のインターンシップを希望する者は多くいる。

　そこで、履修生の希望する期間でのインターンシップを支援してきた。インターンシップ先として、「産業牽引型高度人材育成プログラム」で実績のある派遣先や、本章7.5.2の企業フォーラムに参加いただいた企業担当者を通じて個別に対応するなどを行ってきた。また一般社団法人産学協働イノベーション人材育成協議会（通称：C-ENGINE）を利用して企業インターンシップを実施する学生も増えてきた。2018年までに、インターンシップに行った学生は表7-7に示す通りで、次年度からこれらが就職へと繋がっていくのかを検証する重要な年に入ってくる。

7.5.4　研究者交流会

　本プログラムの博士後期課程に配当されている選択科目に「物質システムビジネス概論」がある（詳細は第5章5.8参照）。この授業の後半では実際に数社の企業を訪問し、企業の研究者と交流する場を設けている。履修生は自らの研究テーマを紹介するショートプレゼンとポスターを準備していき、企業研究者の前で発表し、その後発表内容を中心に議論したり、企業的観点から意見やコメントをもらう。これによって履修生は企業における研究者目線を養い、今後自らの研究方向への参考にしてきた。

　表7-8に今までに交流を図った実績を示す。履修生は、交流会で研究と事業の繋がりを把握し、いかにその結びつけが難しいか、そのためにはどのようなことを学んでおかねばならないか、どのような知識を

143

表7-7 インターンシップの実績

2015	1期生　T.S （大阪府立大学大学院　工学研究科）	研究開発機構 10.1 - 2016.3.31
2016	1期生　K.N （大阪府立大学大学院　工学研究科）	造船H社 10.11～31
	1期生　N.M （大阪府立大学大学院　理学系研究科）	化学K社 11.16～12.16
	1期生　T.W （大阪市立大学大学院　工学研究科）	自動車D社 2017.1.16～30
	1期生　K.N （大阪府立大学大学院　工学研究科）	電機P社 2017.11～12
2017	1期生　M.H （大阪府立大学大学院　工学研究科）	電機P社 2018.1.8～2.23
	1期生　N.F （大阪府立大学大学院　工学研究科）	電機D社 2018.1.10～2.28
	1期生　H.K （大阪府立大学大学院　理学研究科）	化学T社 9.4～26
	2期生　C.F （大阪府立大学大学院　工学研究科）	電機R社 9.20～12.20
	1期生　A.S （大阪府立大学大学院　工学研究科）	医療機器S社 9.25～29
	1期生　K.M （大阪府立大学大学院　工学研究科）	化学D社 9.29～10.13
	1期生　D.Y （大阪府立大学大学院　工学研究科）	光学S社／電機P社 11.13～22/2018.2.26～3.9
	1期生　M.I （大坂府立大学大学院　工学研究科）	重工M社 2018.1.21～2.2
	1期生　M.U （大阪府立大学大学院　工学研究科）	電機M社 20182.13～2.23
	1期生　M.M （大阪府立大学大学院　工学研究科）	化学D社 2018.3.5～16
2018	1期生　S.K （大阪府立大学大学院　工学研究科）	化学K社 4.4.～5.18
	2期生　K.S （大阪市立大学大学院　工学研究科）	電機D社 4.3～6.1

第7章　リーディングプログラムの成果

表7-8　研究者交流会の実績

2016年度

	参加人数	発表者	発表テーマ
電機P社 8.9	13	T.S	DGVSCMGを搭載した小型衛星のLPV制御理論に基づく姿勢制御
		A.K	磁気渦を用いたメモリーのTEM観察手法での検討
		T.H	新しい知識を獲得する人工知能技術の開発
		A.S	酸化グラフェンの蛍光受容態に基づくキャピラリー型免疫測定デバイスの開発
		Y.M	がん治療を目的とした、細胞特異的ドラッグデリバリーシステム（DDS）の開発
非鉄・金属S社 10.14	13	S.K	酵素を用いた有機合成法の研究
		Y.F	熱電材料CuGaTeの物性基礎研究
		N.F	超伝導複合体d-dotにおける自発磁束の理論解析
		M.H	プラズモン光マニュピュレーションの理論構築
鉄鋼S社 11.4	13	K.N	Li3BO3をベースとする低融性固体電解質の研究
		G.M	光を用いた簡易型センシングデバイスの研究
		Y.K	アルツハイマー病の病理メカニズムの解明
		A.I	感染症の新規薬剤の研究

2017年度

	参加人数	発表者	発表テーマ
電機P社 8.22	15	D.Y	超小型・省エネな近赤外シリコンレーザーの開発
		M.O	全固体電池の高性能化に向けた電極複合体の解析と構築
		Y.S	インピーダンス分光法を用いた有機トランジスタの評価
		Y.M	圧電体の熱特性を利用した新規固体ヒートポンプデバイスの開発
		K.N	機能性ペプチド修飾型エクソソームを基盤とした効率的な薬物送達技術の開発
機械D社 9.15	15	M.A	圧電MEMS振動発電素子の実応用に向けた研究
		K.S	フォトクロミック化合物を用いた蛍光ON/OFFスイッチング
		H.T	結合された反応拡散系に生じる振動停止現象
		S.N	ハイパースペクトルカメラと機械学習を用いた植物体内時計の非破壊推定
		D.K	層状複水酸化物のナノ粒子合成と特性の評価
鉄鋼S社 10.27	9	M.U	ナノ構造超伝導体の転移温度に関する理論・計算研究
		U.G	軌道角運動量を持つ光を用いた磁気秩序の制御理論
		A.D	工場排ガス中のNOx処理と硝酸への資源化プロセスの開発
		T.H	癌治療のためのドラッグデリバリーシステムの基礎研究
		Y.O	金属表面の構造制御手法の確立と表面分光手法の立案

145

持っておかねばならないかなどを、体得することができた。また企業研究者から指摘される厳しい質問や意見は、履修生にとっては学生生活では経験したことのない刺激であり、新たな視点になることは間違いないと確信する。

7.6　就職活動とその出口

　産業界をリードする高度研究人材を育成することを目的にしていることから、履修生には積極的に産業界、企業研究者と交流する場を設けてきた。本章7.5.1〜4のインタラクティブ・マッチング、企業フォーラム、研究者交流会はその一環である。これらの活動を機に、履修生と企業の方々との会話が生まれ、インターンシップや企業見学、企業説明会へと流れ、最終的には採用面談に至る場合もある。また、自らのキャリアパスを描き、希望する企業に積極的にアプローチする者もいる。博士後期課程に配当している「グローバルリーダー演習（海外留学）」の経験を通じ、さらにもう2、3年研究者として海外で専門性に磨きをかけようと、海外大学へのポスドクに進む者もいる。自らのキャリアパスを自らで切り開いていく力は、やはり本プログラムで培った力が活かされ、最大の成果になっている。

　2018年度で本プログラムも4年が経過し、履修生の企業への就職活動についても2年目に入り、リーディングプログラムとしての素養の獲得および企業への就職など、履修生の出口についても次第に成果が出てきている。2017年度末には2014年度に博士前期課程2年生で本プログラムの第1期生として入学した学生6名が卒業した。履修生の進路先を表7－9に示す。6名中、一般企業に入社した者が3名、公的研究機関に入学した者が1名、海外を含むポスドクに2名が進路を決めた。本プログラムが目指した「産業界を牽引するグローバルリーダー」として、皆がそ

第7章　リーディングプログラムの成果

れぞれ本プログラムの目的に合致した進路に進んでいったのではないか
と感じている。

表7-9　2018年度修了生の就職・進路先

氏　名	所属	インターンシップ先	就職先・進学先
K.K	大阪府立大学大学院 工学研究科　電子・数物系専攻	―	電子部品R社
T.K	大阪府立大学大学院 工学研究科 電子・数物系専攻	―	非鉄金属F社
T.S	大阪府立大学大学院 工学研究科 航空宇宙海洋系専攻	NASA	研究開発機構
K.N	大阪府立大学大学院 工学研究科 航空宇宙海洋系専攻	日立造船(株)	ポスドク (国内)
N.M	大阪府立大学大学院 理学系研究科 生物科学専攻	カネカ(株)	ポスドク (海外)
T.W	大阪市立大学大学院 工学研究科 電子情報系専攻	(株)デンソー	自動車D社

147

Column 6

SiMS履修生たちの挑戦と成長

　本プログラムの博士人材育成目標（ディプロマ・ポリシー）は、以下の4つの素養を確実に修得することです。(1) 物質科学の専門分野をリードできる確固とした物質科学基礎力、(2) システム的発想から階層融合的に研究戦略を構築できるデザイン力、(3) 基礎的研究を産業的イノベーションへ結びつける突破力とそのマネジメント力、(4) 自らの発想を世界に根付かせるリーダーシップと国際発信力。このディプロマ・ポリシーは、高度科学技術社会の新たな展開が求められている社会状況において、極めて意義のあるものであり、新たな博士人材育成への挑戦と位置付けることができます。しかしながら、本プログラムの開始時点においての正直な思いを述べると、履修生たちがこの高度で難関と言えるディプロマ・ポリシーを達成できるのかが大きな不安でした。通常の博士課程では、学生たちは自分自身の専門分野の研究に没頭するだけですが、それでも博士課程の修了に四苦八苦する場合が多いものです。履修生たちは、専門分野の研究に加えて、特に上記ディプロマ・ポリシーの(2)と(3)をクリアしなければなりません。そのためには、通常の博士課程の学生たちをはるかに凌ぐ努力、そして社会と学問に対する広い視野が求められます。入学時の履修生たちは、そびえ立つ高い山を見上げる気持ちだったのではないでしょうか。

　履修生の学修達成状況を審査するために、博士前期課程2年でのQualifying Examination（QE）試験、博士後期課程2年でのPre-Defense試験、ならびに、博士後期課程3年でのDefense試験（修了試験）が設定されています。本プログラムは、2018年3月に最初の修了生7名を輩出しました。私は、その修了生たちのQE試験、Pre-Defense試験、そしてDefense試験に審査員として立ち会う機会を得ました。QE試験では、まだまだ未熟というのが感想でしたが、Pre-Defense試験では、履修生たちが各人の個性を発揮して大きく成長していることに驚きました。そしてDefense試験では、納得して各人に合格の判定をしました。後期博士課程になって履修生たちが急激に成長するということは、本プログラムの教育に単なる線形的な積み重ねではないシナジー効果があることを反映しています。そこには、プログラム担当教員とメンターの協働が大きく作用していると思います。また、教育と自己研鑽を通した履修生たちの意識変革も大きな要因と言えます。上で述べた私の当初の不安は、まさに杞憂に終わったわけです。ディプロマ・ポリシーを達成した素晴らしい博士人材を輩出することができたということは、本プログラムの誇りであり、今後も継続していかなくてはならない責務を我々に提示しています。そして、本プログラムの真価が問われるのは修了生たちの社会での活躍であり、心からのエールを送ります。

プログラム副コーディネーター
大阪市立大学大学院　工学研究科　教授
中山正昭

第8章

ドクター育成への手応え

8.1　学内の理解度／学長のバックアップ

　当初プログラム発足時には、参画専攻は大阪府立大学は３研究科10専攻、大阪市立大学１研究科３専攻でスタートした。開始から５年目を迎える2018年には、大阪府立大学では１研究科３専攻が、大阪市立大学では１専攻が随時追加され、拡大してきている。

　これに伴い、学内での周知度も上がり、多くの学生、教職員が参画してきている。

　また学内でもプログラムを理解している教員も徐々に多くなり、研究室ローテーションなどもプログラム担当教員以外でも受け入れてくれる研究室が増えてきた。今後学内のどの研究室でも実施可能になるまで本プログラムが浸透することが望まれる。

　また大阪府立大学、大阪市立大学の両学長が明確に、「リーディングプログラムの継続」と「大学教育への定着」への意思を表明し、大学中期計画にも盛り込む形で強く推進してきている。また履修生の活動状況や活躍ぶり、さらには成長度合いを確認するために、学長自らが年に数回にわたり履修生との懇談会を開催し、確認している（写真８-１）。

149

写真 8 - 1　学長と履修生との懇談会の様子
（左：大阪府立大学、右：大阪市立大学）

8.2　カリキュラムの定常化

　本プログラムの根幹をなす「戦略的システム思考力演習」はシステム発想型物質科学リーダー養成学位プログラムで最も重要な実践科目で、複雑なものごとを俯瞰的に見る「システム思考」と、新しい発想を創造する「デザイン思考」を醸成するための演習科目である。システム発想から技術革新を創造し、ものづくりを基軸とする物質科学の命題を紐解くための素養を身に付けることができる。グループ型討論、合宿型ワークショップで異分野の学生との交流を図り、産業界のスペシャリストやリーダー等と徹底的にダイアログを行うことによってアイディアを組み立てる思考方法の修得を目的としている。このプログラムを初年度に実施することで、その後の履修生の成長度合いは著しいものがあり、今後の大学院教育を考える上で重要な位置付けにある科目という認識になっている。よって本科目を2018年度から大学院共通科目として一般開放し、履修生以外の大学院生全てが受講できるようにした。

　この科目以外にも、リテラシー科目である「科学リテラシー」が2016年度から大阪府立大学で、インターディシプリナリー科目群である「システム工学概論」が2017年度から大阪市立大学で大学院教育共通科目と

して展開された。今後はさらに本プログラムで確立してきた科目を一般大学院学生へも展開し、大学院教育科目の改善を図っていく予定である。

8.3　海外留学における成長

博士後期課程の配当で「グローバルリーダー演習（海外留学）」を必修科目としている。この科目は産業界をグローバルに牽引する高度研究者が求められるさまざまな素養を３ヶ月間海外研究・研修を通して体得し、それを実践応用するための素養を身に付けることを目標としている。自らの研修目標を定めた後、自らの意志で研修先を決定し、３ヶ月間の実践的教育研究の場が与えられる。

2018年までにこの科目を通じ海外留学を実施した者は24名で、その詳細を表８-１に示す。まさに履修生自らの考えと希望で留学先を選択していることから、さまざまな大学が存在する。留学先の決定も指導教員、メンター等との相談を通じ、自らの力で留学許可を得ているものである。学会会場での直接交渉、ダイレクトメールによる留学受け入れ交渉など、さまざまな手段で留学先の門戸を自らでこじ開け、勝ち取ってきている。この交渉を通じて得られた経験だけでも、大きく成長している。

期間は３ヶ月間としているが、中には半年から１年近く計画する者もある。これらの期間で履修生は自らの研究を進め、その成果を残すだけでなく多くの経験と刺激を受けて帰国する。渡航前に入念な打ち合わせと準備を行い、確実に研究成果を持ち帰ってくる者、留学での成果をベースに、帰国後も留学先と引き続いて共同研究を実施する者、その他、日本と異なり日々の会話の重要性を感じ取ったり、自らの研究を単に海外で行うだけでは意味がないと考え、必ず共同研究を取って帰ってくるとの目標を持って行った者、英語ができないからといってコミュニ

ケーションできないということではないと感じた者、さまざまな経験と
感想がある。

　海外大学の留学先には、世界各国から集まった留学生が多くいる。そ
の中に日本人学生として参加し、また一研究員として活動する。異文化
の中でいかに自国のアイデンティティーを活かしながら活動するかは非
常に重要な課題である。自らの研究を通じて3ヶ月間の海外留学は短い
ようだが、これらの活動が履修生にとっては未知の経験となり、大きな
自信に繋がることは間違いない。帰国後の履修生たちを見れば、何か一
味違った顔つきになっている。中には、もしかしたら海外の大学でも研
究者としてやっていけるかもしれないと自信を述べる者もいる。また、
この自信をきっかけに日本学術振興会の海外特別研究員に申し込む者も
出てきた。

　これらの経験と刺激は必ず今後の彼等の成長に大きな影響を与えるも
のばかりであると確信する。

表8-1　海外留学先一覧

2015年度開始（学年は実施時のもの）　2名

期	氏名	留学研修先	期間
1期生 D1	R.K	フランス ラロシェル大学	10月8日〜12月25日
1期生 D1	N.M	シンガポール シンガポール国立大学	12月7日〜3月10日

2016年度開始（学年は実施時のもの）　7名

期	氏名	留学研修先	期間
1期生 D1-2	M.I	アメリカ フロリダ大学	2017年2月13日〜8月14日
1期生 D1-2	M.U	ベルギー ルーヴェン・カトリック大学	2017年3月23日〜6月20日
1期生 D2	G.K	デンマーク オールボー大学	10月14日〜2017年1月4日

152

第 8 章　ドクター育成への手応え

1期生 D2-3	T.S	アメリカ スタンフォード大学 & コロラド大学ボルダー校	12月12日～2017年 9 月30日
2期生 D2-3	K.	アメリカ パデュー大学	2017年 1 月27日～ 5 月 3 日
1期生 D1-2	T.H	ドイツ フライブルク大学	12月 5 日～2017年 8 月 1 日
1期生 D2	T.W	カナダ マギル大学	7 月26日～10月27日

2017年度開始（学年は実施時のもの）　15名

期	氏名	留学研修先	期間
1期生 D2	A.S	アメリカ ミシガン大学	6 月 1 日～ 8 月21日
1期生 D2	N.F	アメリカ アルゴンヌ国立研究所	6 月12日～ 9 月12日
1期生 D2	M.M	アメリカ パデュー大学	5 月 5 日～ 7 月31日まで
2期生 D2	A.K	カナダ アルバータ大学	4 月27日～ 8 月 7 日
2期生 D1	G.Y	アメリカ ハワイ大学	4 月23日～ 7 月 1 日
1期生 D3	K.K	アメリカ カルフォルニア大学バークレー校	7 月12日～10月13日
2期生 D2	M.H	シンガポール 南洋（ナンヤン）理工大学	8 月17日～11月16日
2期生 D1	M.O	フランス コレージュ・ド・フランス	9 月15日～2018年 2 月28日
1期生 D2	Y.F	中国 同済大学	9 月20日～12月13日
1期生 D2	Y.K	アメリカ アメリカ国立衛生研究所	9 月30日～12月30日
1期生 D2	S.K	アメリカ カルフォルニア大学バークレー校	10月 1 日～12月21日
2期生 D1	H.H	ノルウェー ノルウェー科学技術大学	10月 1 日～12月28日
2期生 D2	M.A	アメリカ ジョージア工科大学	11月15日～2018年 2 月10日
3期生 D1	K.N	ドイツ ケルン大学	2018年 1 月 3 日～ 3 月24日

153

8.4 日本学術振興会特別研究員への挑戦

　我が国の優れた若手研究者に対して、自由な発想のもとに主体的に研究課題などを選びながら研究に専念する機会を与え、研究者の養成・確保を図る制度として、特別研究員制度がある。本プログラム履修生も自らの素養を伸ばし幅を広げるとともに、主専攻研究でさらに専門性を高め、研究者としての基盤を形成することに挑戦する者もいる。

　大阪府立大学を例に、特別研究員への応募、採用状況を表8−2に示す。

表8−2　日本学術振興会 特別研究員への採用状況

2016年度

	大阪府立大学からの応募者数	うちリーディングプログラム応募者数	大阪府立大学の採用者数	うちリーディングプログラム採用者数
DC 1	22	8	5	3
DC 2	33	2	10	0

2017年度

DC 1	20	10	4	2
DC 2	39	11	6	1

2018年度

DC 1	22	6	5	1
DC 2	30	13	10	5

(名)

　2018年度では、特別研究員への採用率の全国平均は20.4％である。大阪府立大学の場合は採用率は28.8％であり、やや全国平均を上回る値となっている。その中でも本プログラム履修生が40％を占め、かなり高い値となっていることが分かる。当初は本プログラムを履修することから主専攻の研究レベルが落ちるのではないかと懸念の声もあったが、決してそのようなことはなく、むしろ本プログラムが目指している、異分野

第8章 ドクター育成への手応え

と融合できる幅広い研究人材が育成できているのではないかと考える。

8.5　アンケートから見るプログラムへの手応え

　本プログラムは特に産業界を牽引できるグローバルリーダーを育成することを第一の目的としてきた。そのため産業界との交流を深めながら、企業の方々と一緒になって履修生の育成と指導を進めてきたと言える。

　本プログラムの今後を考えるにあたり、履修生たちは何を考え、何を望んで、本プログラムを選択したか、その結果思う通りの人材になり得たのか？　これらを把握しておくことは極めて重要である。また企業と連動した活動により博士人材を育成してきたが、本当に企業が望むような人材に育ったのかも把握しておくことは、併せて重要な指針になる。そこで、①学生から見たプログラム評価（アンケート調査）、②企業からの本プログラム評価（アンケート調査）で、上記2点を把握しておくことにした。

8.5.1　履修生から見たプログラム評価（アンケート調査）

　履修生37名を対象に、本プログラムに参加した動機を調査したアンケート結果を表8-3に示す。

　アンケートから見て、学生は多くの期待を持って入ってきているが、主な動機は、

- 自らの将来に可能性が広がる
- 通常の博士では得られない幅広い知識や経験が得られる
- 留学など海外経験が積める
- 経済的支援が充実している

に期待をしていたことが分かる。

表8-3　本プログラムに参加した動機を調査したアンケート結果

	当てはまるもの全てにチェック	最も近いもの1つに◯
プログラムの目的と自分の目指す将来像が合っている	24人（64.9%）	4人（10.8%）
産業界、官界、NPO、国際機関への就職など自分の将来の可能性が広がる	25人（67.6%）	7人（18.9%）
通常の博士課程では得られない、幅広い知識や経験が得られる	32人（86.5%）	8人（21.6%）
他の研究科（専攻）の学生や教員、留学生など、交流の幅が広がる	31人（83.8%）	0人（0.0%）
留学や海外インターンシップなど、海外での経験が積める	29人（78.4%）	6人（16.2%）
グローバルな舞台で活躍していくために、Ph.D.が必要	19人（51.4%）	1人（2.7%）
経済的な支援が充実している	27人（73.0%）	7人（18.9%）
友人・知人や研究室の先輩など、教員以外の人にプログラムを勧められた	8人（21.6%）	0人（0.0%）
指導教員などの教員に勧められた（自分の意志で参加）	25人（67.6%）	3人（8.1%）
指導教員などの教員に勧められた（断ることができなかった）	0人（0.0%）	0人（0.0%）
何となく面白そうだと思った	19人（51.4%）	1人（2.7%）

　本プログラムがなかった場合に最終学歴としてどれを選択したかを調査したアンケート結果を表8-4に示す。アンケートからは本プログラムがなかったなら半分以上の学生が博士前期課程（修士）で卒業して就職することを考えていたことになる。すなわち、単に博士後期課程（博士）に進学して、専門性を高めることだけに期待したのではなく、専門性を高め、その知識と経験を活かして企業で活躍できる人材になりたいとの考えから、本プログラムと併わせて博士後期課程に進学を決めた学生が多いことを示す結果となっている。この結果からも、本プログラムが優秀な高度研究人材を育成する大きなドライブになっているものと確信する。

第8章　ドクター育成への手応え

表8-4　本プログラムがなかった場合に最終学歴に選択した先を
　　　　調査したアンケート結果

1	学士（今所属する大学と同じ）	0人（0.0%）
2	学士（他大学）	0人（0.0%）
3	修士（今所属する大学と同じ研究科・専攻など）	19人（51.4%）
4	修士（今所属する大学の別の研究科または専攻など）	0人（0.0%）
5	修士（他大学）	0人（0.0%）
6	博士（今所属する大学と同じ研究科・専攻など）	14人（37.8%）
7	博士（今所属する大学の別の研究科または専攻など）	0人（0.0%）
8	博士（他大学）	4人（10.8%）

　さらに、本プログラムを履修したことに対する評価を表8-5、表8-6に示す。多くの期待をもって臨んだプログラムであるが、本当に履修生の期待に添えたものであったか、その結果は今後を考える上でも極めて重要なものである。本プログラムに対する評価（表8-5）を見ると、専門分野が異なる教員や学生が入り混じって多くのカリキュラムをこなす体系が、異分野融合の素養を身に付けていく上でとても高く評価されている。また企業メンター制度を導入したことにより、企業経験者との交流や博士後期課程（博士）終了後をアカデミア以外で活躍することに自信がついたことは、本プログラムの大きな成果であると言える。

157

表8-5 本プログラムに対する評価をまとめたアンケート結果

	非常に良い	良い	どちらとも言えない	良いとは言えない	機会がなかった
他の専門分野の学生との交流	20人 (54.1%)	16人 (43.2%)	1人 (2.7%)	0人 (0.0%)	0人 (0.0%)
他大学の学生との交流	6人 (16.2%)	6人 (16.2%)	13人 (35.1%)	8人 (21.6%)	4人 (10.8%)
専門分野以外の教員との出会い	7人 (18.9%)	20人 (54.1%)	7人 (18.9%)	3人 (8.1%)	0人 (0.0%)
企業人との交流	16人 (43.2%)	16人 (43.2%)	4人 (10.8%)	1人 (2.7%)	0人 (0.0%)
専門分野以外の幅広い知識や経験	13人 (35.1%)	19人 (51.4%)	5人 (13.5%)	0人 (0.0%)	0人 (0.0%)
奨励金などの経済的支援	6人 (16.2%)	10人 (27.0%)	10人 (27.0%)	10人 (27.0%)	1人 (2.7%)
議論することに対する自信をつけること	10人 (27.0%)	18人 (48.6%)	8人 (21.6%)	1人 (2.7%)	0人 (0.0%)
アカデミア以外の分野で活躍することについての自信をつけること	13人 (35.1%)	16人 (43.2%)	8人 (21.6%)	0人 (0.0%)	0人 (0.0%)

　履修生自らが、本プログラムを履修して本当に身に付いたと思える知識や経験がどのようなものがあるのかを調査した結果を表8-6にまとめた。

表8-6 本プログラムを履修して身に付いたと思える知識や経験のアンケート結果

	非常に身に付いた	ある程度身に付いた	あまり身に付いていない	身に付いていない
高度な専門的知識・研究能力	6人 (16.2%)	24人 (64.9%)	4人 (10.8%)	3人 (8.1%)
高い国際性	11人 (29.7%)	18人 (48.6%)	7人 (18.9%)	1人 (2.7%)
専門分野以外の幅広い知識	14人 (37.8%)	20人 (54.1%)	3人 (8.1%)	0人 (0.0%)
物事を俯瞰し本質を見抜く力	14人 (37.8%)	20人 (54.1%)	3人 (8.1%)	0人 (0.0%)
自ら課題を発見し解決に挑む力	16人 (43.2%)	18人 (48.6%)	3人 (8.1%)	0人 (0.0%)
独創的な能力	5人 (13.5%)	24人 (64.9%)	7人 (18.9%)	1人 (2.7%)
チームのマネジメント力	12人 (32.4%)	16人 (43.2%)	8人 (21.6%)	1人 (2.7%)
企画立案、関係者との調整、統率する能力	13人 (35.1%)	15人 (40.5%)	8人 (21.6%)	1人 (2.7%)
他者と協働する力	19人 (51.4%)	15人 (40.5%)	2人 (5.4%)	1人 (2.7%)
その他（具体的に：　　　　）	8人 (80.0%)	2人 (20.0%)	0人 (0.0%)	0人 (0.0%)

　高度な専門知識・研究能力に加え、専門分野以外の幅広い知識や俯瞰

力、本質を見抜く力、課題設定・解決力などが身に付いたと実感している。これらの力は専門能力を武器に、それらを最大限に発揮できる能力として必要不可欠になるものと確信している。また併せて高い国際性もポイントが高い。学生の間はなかなか身に付きにくい素養ではあるが、本プログラムを履修することで大きく伸びた能力ではないかと考えている。

　これらのアンケート結果からも、履修生自ら単に博士後期課程（博士）に進むだけでは、これからの社会を牽引していく人材にはなれないとの課題意識を持っており、高い専門知識を最大限に発揮するために多くの素養を身に付けたいとの思いで、本プログラムを選択してきたことが分かる。

　本プログラムの履修生の意識も5年間の履修期間の中で変化してきている。その変化を表8-7に示すが、この表は2014年度入学者（1期生：21名）、2015年度入学者（2期生：17名）に対して、入学時点と直近の結果を、2016年度入学者（3期生：20名）については入学時点の希望を表している。

表8-7　履修生の希望進路先の変化

履修生	回答人数	調査時期	進路希望先					
			産業界		アカデミア		国際機関	その他（未定）
			ビジネスなど	研究職・シンクタンク	国研・行政体（理工系）	国研・行政体（人社系）		
2014年度（1期生）	18	入学時	3	4	9	0	0	2
		現時点	2	12	3	0	0	1
2015年度（1期生）	16	入学時	4	5	5	0	0	2
		現時点	3	11	2	0	0	0
2016年度（1期生）	17	入学時	5	3	5	0	0	4
			—	—	—	—	—	—
各直近時点での希望人数			11	26	10	0	0	5
（比率）			21%	50%	19%	0%	0%	10%

この結果を見ても、プログラム入学当初はアカデミアを考えていた履修生も、途中で多くが産業界への就職に変更している。これも産業界での活躍を目指した本プログラムとしては大きな成果と判断できる。

8.5.2 企業からのプログラム評価（アンケート調査）

第1回から第4回までの産業牽引研究人材育成フォーラムで、毎回企業からの出席者にアンケートを依頼した。このフォーラムには企業からは人事責任者、研究所責任者など多くの方々に参加いただいており、アンケート結果は、第三者の立場からの意見であり、我々にとっては極めて重要な意見である。

アンケートの主な内容を以下に列挙する。

（1）「産業界で活躍する博士研究者育成」の取り組みを進めるための考え方や具体的な進め方について、大学が心得るべきポイントを聞いた。

主な意見は、

- 本プログラムに参加することで博士人材の本分である専門性を落とすようなことになっては本末転倒だと感じています。SiMSは大変に素晴らしいカリキュラムと思いますので、是非とも専門性（深堀り）と両立できる施策を検討してください。（医療機器S社 H.I）
- 企業によっては、例えば弊社では、「高度専門研究者制度」を設けており、ジェネラリストではなく、特化領域における研究に秀でており、アカデミアにおいても高いプレゼンスを示す人材の育成を図っております。それは、将来の破壊的イノベーション実現に向けては、ジェネラルな研究者と同等に育成が重要と考えているからです。一方、この高度専門研究者としての思考、素養、人

格などのベースは大学などアカデミアにおいてこそ創られるものと考えます。従って、ジェネラルとスペシャルの両人材の育成を期待します。（化学K社　T.D）

- 本来の博士研究者が身に付けるべき研究の進め方の基本をきちんと指導してほしい。与えられた研究テーマのみではなく、自分でテーマを探し、考える方法やマインドを教えてほしい。（化学D社　I.M）

- 産業界での活躍という点に関して、スキル的なところは企業においてOn the jobでやったほうが効果的・効率的と考えます。大学の役割としては、そのベースとなる知識獲得やマインド醸成といったあたりになるかと思います。語学力、異文化許容、ネットワーキング、情報を処理・整理して活かす力であると考えます。（化学K社　R.T）

- 博士研究者の方には、最先端の専門知識・技術に加え、幅広い視野を持って次のような能力に期待しております。
  - 研究方針をしっかりと立てられる
  - 自分自身でさまざまなアイディアを生み出せる・研究を完遂できる
  - 何にでも貪欲に挑戦できる
  - 世界の研究者と対等に議論できる

  事業環境が変化しても求められる基本的な能力はあまり変わらないと思いますが、産業界と連携しながら進められる取り組みは大切だと思います。（化学S社　Y.K）

- 説明を拝聴し、考え方や進め方に特に異論はありません。私も研究員の教育、人材育成には、普段から有効な方法を考えていますが、かなり多くは、「産業界で活躍する博士研究者育成」の取り組みと重なっていました。一点、あえて申し上げるなら、ニーズ

に対応する研究の必要性を述べておられましたが、実際にやってみると、いかにニーズを抽出することが難しいのかが分かります。業界のニーズ、一般の人々の潜在ニーズなどをどのように抽出するのかで私自身も悩んでおりますが、先生のご説明でもなかったように思います。（食品G社　T.N）

- 現実の研究開発とのギャップを埋めるためにも、本プログラムに賛同する企業からアドバイザーになってもらい、適時アドバイスを受けるほうがより効果的と考えます。（化学D社　T.A）

（2）次に「企業と大学が協働型の博士人材育成プログラムを構築する」ための有効な手法（インターンシップ、共同研究……など）について聞いた。

主な意見は、

- インターンシップは受け入れ側（企業）の負担があるため、共同研究を通した協働型人材育成が良いように思います。このスタイルの場合は、会社側の機密内容を開示する必要がありますので、機密保持に関する強い信頼関係の構築が重要になります。この点が満たされた場合、共同研究という実務を行うことにより、企業側もSiMSプログラムにより育成された人材の優良さを実感として評価できるようになると思います。（医療機器S社）

- 進め方としては、産学（官）のコンソーシアムなどの組織運営により、多面的議論から基本的方向性の共通点を見出し、コンセンサスを得る。次に、具体的で有効な手法（インターンシップ、共同研究……など）の抽出と展開。この際、納得性と継続性の観点から、結果として学生／大学／民間3者がWin/Win/Winとなり得ることを前提条件とする。また、この際の直接／間接経費の見積もりと負担者また知的財産などの権利関係の明確化が重要と考

えます。（化学K社）

- すでに大学院のプログラムで実施されているようですが、具体的な課題を解決することで、より実践的な能力が身に付くと思いますので、企業でのインターンシップや共同研究を積極的に利用するのが良いのではないかと考えます。（化学D社）

（3）最後に、「当学が進める本プログラム全般に関する感想」を聞いた。主な意見や感想は、

- 物質系とシステム・情報系の融合は企業ニーズにマッチしていると思います。次年度からは「人間社会システム科学」分野も加わることでさらに期待できます。（化学S社　Y.K）
- 昨年度は素晴らしい学生を紹介いただき大変感謝しています。（電機M社　T.M）
- 研究室ローテーションは育成に極めて有効と感じました。（化学D社　T.E）
- 本プログラムは非常に価値が高いと思います。ただし主専攻研究がトップレベルであることが大前提で、幅広い分野を薄っぺらく知っている博士は魅力は少ないです。（製薬S社　S.T）
- レベルの高いプログラムであると感じます。ただ、企業志向である必要はなくむしろ社会貢献を目指す教育であっても良いと感じます。（化学K社　R.T）
- 異分野交流で人脈形成や研究推進力を磨いている点は評価できる。（製薬T社　J.Y）
- 複数の専門分野を研究して全体的にものを見る目を養うのは非常に良いことだと思います。（化学T社　N.M）
- 研究室ローテーションは有効に機能していると感じました。異分野経験は1つのことを成し遂げるためには必要不可欠と思いま

す。(電機P社　T.K)
- プログラムの方向性は良い。特に研究室ローテーション、異分野融合、海外留学が良いカリキュラムである。一般の博士学生とは異なり、大きく期待ができる。
- 就職に向けて、会社訪問、インターンシップなどを受け入れたい学生がいる。
- 直接就職などに向けての強い関心まで至らなかったものの、引き続き関心を持って見守りたい学生がいる。

また「これまで採用されてきた博士学生と比べて、リーディングプログラム履修生の産業界での活躍の期待値はどうですか？」との問いについての回答をまとめたものを図8-1に示す。このアンケート結果を見ると、一般博士課程学生と比較して、①極めて高い、②かなり高いが全体の85％を占めていた。この結果からも企業の方々の期待に十分応えられるだけの人材が育成できているものと確信できた。

なお参加企業は15社21名（化学5社、電機6社、機械2社、製薬2社）

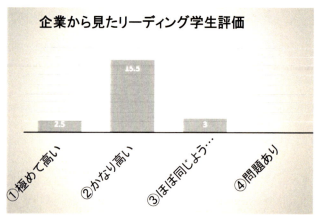

図8-1　企業からの履修生評価に関するアンケート結果

である。

8.5.3　第三者評価（プログラムオフィサーからの意見）

　最後に、プログラム運営で制度化されていたPO（プログラムオフィサー）制度を通じて得られた評価を中心に総括してみる。

　以下に各年度に実施されたPO訪問時の意見、コメント、総評などをまとめる。

【2016年１月16日　PO訪問　総括】

- プログラム全体がうまく進捗していることが学生や先生方を通じて感じ取れた。この調子でいけば必ず成功する。

【2016年５月23日　PO訪問　総括】

- しっかりとした学生が多く、頼もしい限りである。就職先も産業界希望の学生が多く、大きく期待ができる。
- 産業界との太いパイプを利用した「戦略的システム思考力演習」や「産学連携演習」などは異分野を俯瞰しシステム思考力を備えるための独自カリキュラムと機能している。
- 外部のビジネスコンテストやアイディアコンテストにも自主的に参加し多くの表彰実績を得ている。
- 修士で企業に就職しようとしていた優秀な学生を選抜し、博士号取得後に企業就職をさせるための効果的なシステムとして機能している。

【2017年11月９日　中間評価現地視察　総括】

- 全体的には、大学側の熱意ある対応と学生の本プログラムへの積極的、前向きな取り組みにより、本プログラムは年を追うにつれ成熟し、学生も目的とする産業界でのリーダーとして活躍しうる人材に順調に育っており、本プログラムはリーディング大学院の成功事例と言える。

- ３ヶ月程度の留学が必修とされているが、留学経験者の成長は著しい。また、留学成果の発表会においても参加学生が非常に積極的に質問をしており、学生の高い自主性がうかがえる。

- 履修生間の交流も活発であり、全履修生間の研究内容開示による相互理解や自主共同研究への端緒となる交流会、研究資金の支援を受けた複数履修生の自主共同研究などを自主的に企画・推進し、学外コンテストなどで受賞するテーマも出てきている。

- 本プログラム外との交流も盛んであり、大阪大学の物質系リーディング大学院プログラムとの合同シンポジウム、プロトタイプまで作り上げることを目指した一般学生、他大学学生、大学教員、社会人や企業を巻き込んだ300名以上参加の大イベント、異分野融合研究会セミナーなどが行われ、学生の異分野融合のテーマ設定、ものづくりに向けた協働意識、思考領域拡大などに大きく貢献し、また、異分野の初対面の人に対しても共同研究にまでこぎつける積極性やコミュニケーション力の強化にも繋がっている。

- 研究に専念している一般の学生に比べて専門分野の知識や掘り下げ不足を自覚しつつも、色々な角度からの思考、新しい発想力、異分野融合による新規テーマ設定などの経験、積極性、開拓力などの人間力、タイムマネジメントなど総合的に絶対優位との自信を持っている。

- 本プログラムの成功要因は、①大学側の熱意ある対応、②教員やメンターなどによって学生になりたい姿を描かせ、何を学ぶか目的意識をしっかりと持たせたことであり、その結果、カリキュラム内容、研究室ローテンション先の選定、留学時の研究テーマと留学先の選定など、教員のアドバイスを受けながらも、なりたい姿に向け何を学ぶかの観点で自ら決定し、積極的に取り組んだ結果、新たな発想や研究テーマに繋がっている。留学終了後に自主的に共同研究にま

第 8 章　ドクター育成への手応え

でこぎつけた学生もおり、積極性や開拓力、難関突破力を自信を
持って主張できる学生が多く見られた。

　総じて、本プログラムの方向性と成果が第三者の目から見ても客観的
に評価された。我々が目指してきた方向性は企業が要求する人材にマッ
チしており、育成の方向性が間違っていなかったことが再確認できた。

【卒業生からのメッセージ】
＜リーディングプログラムを振り返って＞　その 1
○リーディング・プログラムを受けて良かったこと
　修士の時から、奨励金と自主共同研究費がもらえるのは良かった。
博士課程進学に向けて、金銭的にも余裕ができ、国際学会に早い段階
で出ることによって、日本学術振興会の申請にも有利だったし、いい
刺激にもなった。また、海外留学のつてもできた。航空専攻では同期
にドクターの学生がいなかったため、府大・市大内での履修生との横
の繋がりができたのも、ドクターへと進学する不安を幾分か払拭でき
た。例えば、日本学術振興会の申請や研究の進め方など多方面から情
報が得られたことが良かった。同様にリーディングフォーラムなどで
他大学・他分野の学生とのコネクションができたのも良かった。
○リーディング・プログラムを受けて悪かったこと
　このプログラムが産業界でのリーダー養成に重きを置いているの
で、研究職に進むことに決めた段階では、リーディング大学院に関す
るイベントに参加するかどうか迷いが生じた。リーディングプログラ
ムの活動と研究の時間の兼ね合いが難しく、1 期生ということでメン
ター側も分からない部分があり、時間の兼ね合いの問題について的確
なコメントをもらえなかったし、1 期生なので先輩に相談することも
できなかった。

○このプログラムで得たもの

　ハイレベルな同世代とのコネクションが第一です。また、産学官連携や研究職に就く前に産業界を深く知るいい機会となったことや、海外研究で国際発信力を得られたことも良かった。

○このプログラムで得られなかったもの

　自分としては起業を考えていた時期もあったが、この人と一緒に起業したいという仲間を見つけることはできなかった。

○もっとこうしておけば良かったと思うことやプログラムの改善点

　リーディング大学院の授業評価が厳しすぎた。博士後期課程の成績は全てA+であったが、リーディングプログラムの授業はそうでなかった。日本の名の通っていない大学であればGPA4.0でないとトップレベルの大学や研究所の受け入れは厳しいが、リーディングプログラムの成績が悪く申請で苦労した。NASAのインターンではその時点でジャーナルが10本以上あったので、専門性を評価されなんとか受け入れ許可が下りた。授業のレベルを下げたり、成績評価を甘くするのではなく、追試や追加課題などで成績を見直す機会が欲しかった。特に1年目の英語の授業は土曜日に開催だったので、人工衛星開発の会議と被っていて、その時期は両方とも中途半端で終わった結果、英語の成績が悪く海外留学時に苦労した。

【大阪府立大学大学院工学研究科 航空宇宙工学分野卒業生（リーディング大学院1期生）　T.S】

＜リーディングプログラムを振り返って＞　その2

　私は、学部3年時より博士課程への進学を希望しておりましたが、父子家庭ということもあり、金銭面での問題から修士過程修了後に就職することも考えていました。しかし、修士1年の時、指導教員である藤井先生から金銭面でのサポートも受けられるこのプログラムを紹介してい

第8章　ドクター育成への手応え

ただき、受験することにしました。つまり、参加当初の目的は、「奨励金（金銭）」のみでした。

　プログラムを受けるに従い、「せっかく時間を作って講義やワークショップに参加するのだから、通常の府大の博士課程教育では学べないこともしっかり身に付けよう」と考えるようになり、案内を受けた学内のセミナーやインターンシップなど、多くのことに参加してきました。結果、研究だけでなくビジネスや企業での研究など、多数のことを学ぶことができたので、奨励金以上の価値を手にすることができたと思います。

　これまでプログラムを履修してきた中で、私にとって最も価値があったのは、「グローバルリーダー演習（海外留学）」です。学位取得後の進路として"海外のアカデミア"を希望していたので、サポートを受けながら海外留学を経験できるということは、私にとって最大の魅力でした。結果として、留学時代のPIのもとでResearch Fellowとして４月から働くことになったため、この留学が修了後のキャリア作りに大きく関与しました。この点に関して、プログラムには感謝してもしきれないです。

　プログラム上で、当初から主張してきたにもかかわらず、一向に改善が感じられなかったのは、生物系をはじめとする理学系研究科の学生に対して、あまり考慮されたプログラムではないことです。プログラムの指導的な先生方が工学系メインであり、設定されるセミナーなどは工学的な内容のものが多く、こちらから講師の先生として紹介しても、打診された形跡はほとんどありませんでした。運営統括の方が変わってから少し改善されましたが。腐るとただの子供なので、私の場合は、生物系に関連する同じような学外の講座に参加し、学ぶことで補完してきました。つまり、この点に関しては、ある意味本人次第かもしれません。今でも納得できていないことは、トップダウン型の考え方以外受け入れるつもりが毛頭ないと感じられた資格審査員の方々の考え方です。私は、

169

これからも自分が面白いと思う基礎研究に真剣に取り組み続け、いずれその成果がいろいろな形で世界に羽ばたいていく姿を見ていこうと思います。

【大阪府立大学大学院理学系専攻卒業生（リーディング大学院1期生）N.M】

＜リーディングプログラムを振り返って＞　その3
■ プログラムを受けて良かったこと

　リーディングプログラムを受けて良かったと思うことは、研究室配属時に与えられたテーマの延長線上にはない新しい挑戦に一歩踏み出すきっかけを与えてもらったことです。リーディングには協力者がたくさんいることが非常に心強く、助けられてばかりでした。

　私にとっては、特に海外留学をきっかけに新しい研究テーマに挑戦したことが、リーダーシップを身に付ける重要な経験になったと感じています。それまでの専門領域とは異なる領域への挑戦だったため、リスクを伴った良い意味での危機感を持って取り組むことができました。研究の意義から目的、内容の立案、計画までをゼロから構築していく過程で、その研究価値を周りの人に納得させることの難しさを思い知らされました。それでも、自身のアイデアを留学先の先生に提案して面白そうだと言ってもらえた時は、非常に興奮したことを今でも憶えています。帰国後には、アイデアをさらに膨らませて、関連研究を行っていた1期生の仲間と協力してプロジェクトを構想しました。分野融合・階層融合の両視点から研究戦略をデザインすることを目指し、府大と市大から学生を集めてワークショップも主催しました。多くの課題も残りましたが、自分たちなりのアプローチで行動し、研究の幅を広げられたことが強い自信に繋がりました。

　自分の領分から一歩踏み出すことをチャンスとして捉え、協力して

第8章　ドクター育成への手応え

くれる仲間の存在の大切さに気付き、独自のアプローチで戦略をデザインする力を養えたことが本プログラムでの収穫です。

■続く後輩へのメッセージ

　私はTEC-Ⅰ（ビジネス企画特別演習）を受講した際、多くの企業経験者からいただいた意見を自身の発表に盛り込むことに必死になっていました。そんな中で、ある方から言われた言葉が強く心に残っています。「君はもっと自分が楽しいと思ったことをしたほうがいい」。この言葉を受けた瞬間は、あなたたちの意見を何とか取り入れようとしているのになぜそんなことを言われないといけないのか、と腹が立ちました。しかし、内容はたしかに現実的になった反面、自分が当初思い描いていたものとは違って面白みに欠けていることに気付きました。TEC-Ⅰが終わってから、自分の信じたことをやってみようと思い、海外留学で新しい研究テーマに挑戦することができました。

　これから続く皆さんには、周りの意見に誠実に向き合いつつ、自分が楽しいと思うことを信じてリスクを取って進んでほしいと思います。

【大阪府立大学大学院工学研究科電子数物系専攻卒業生（リーディング大学院1期生）　T.K】

＜リーディングプログラムを振り返って＞　その4

　私は、主専攻の研究活動とは異なる多くのカリキュラムに魅力を感じて、本プログラムに参加しました。1期生として履修するにあたり、まだ未整備なことや、今後どのように進んでいくのかなど、見通しの立たないこともありました。その一方で、1期生として参加したからこそできた多くの経験は非常に有益なものだったと思います。そんな中で、プログラム運営の方々が積極的にサポートしてくださったこともあり、最後までやり遂げることができました。

171

リーディングプログラムを受講して最も良かったことは、リーディングプログラムを運営している方々、そして同じくリーディングプログラムを履修していた履修生等、多くの出会いがあったことです。本プログラムは大阪府立大学、大阪市立大学が共同で運営していることもあり、修士で卒業またはリーディングプログラムを履修せずに博士課程に進学していた場合、出会うことのなかったであろう多くの人々に出会うことができました。多くの人から刺激を受けた4年間でした。

　主専攻の研究に対して、どのような影響があったかは正直分かりません。ただ、自分が博士課程に進学後、同じ研究室の多くの後輩がリーディングプログラムへの進学の道に進んでくれたことは、良い影響を残せたのかなと思います。自分はリーディングプログラムに参加して良かったと思っていますが、続く後輩たちもそうであることを祈っています。

【大阪市立大学大学院工学系専攻卒業生（リーディング大学院1期生）T.W】

第9章

今後の大学院教育への展開

　本プログラムは2019年度でプログラム支援期間が終了する。このプログラムは「産業を牽引できる高度研究人材を育成する」との大きな目標を掲げてスタートさせた。本プログラムが採択されるまでにも多くの大学院教育改革のための事業を実施し、そこで蓄積してきたカリキュラムや教育システム、制度、経験、ノウハウを活かしながら、本プログラムを展開してきた。今後はこれらをもとにしてさらなる大学院改革を加速していくことが重要である。文部科学省からの支援期間終了後も本プログラムを継続していくためには、奨励金ではなくプログラムを履修することで得られる具体的成果が可視化されていくことが必要になる。

　また、本プログラムは大学院教育改革の起爆剤となることを期待して設計している。いわゆる「たこつぼ型教育」、狭い専門を深く研究するが専門以外への応用が効かない人材を養成する教育を大学院で行っているという指摘を全学的に克服することも本プログラムの目的の1つである。すでにこの目的の実現に向けて、徐々に通常の大学院のカリキュラムとしてリーディングプログラムを以下のように展開している。

　リーディングプログラムの科目は当初は全て工学研究科が開設している科目を他の研究科の学生が履修する形であったが、2016年度から大学院共通教育科目が高等教育推進機構で開設されるのに合わせて、リーディングプログラム科目でもある「イノベーション創出型研究者養成（TEC）Ⅰ～Ⅳ」を全学の大学院生向けに開講する形となった。さらに

2018年度からはリーディングプログラムのコア科目である「戦略的システム思考力演習」を大学院共通教育科目として開設し、リーディング大学院履修生以外も履修可能な形となった。最終的には、専門を深めることに加えて、多様性（異分野融合、グローバル）の中で産業界を含む社会と繋がる形で学び、社会のリーダーとなる人材育成を行うプログラム（副専攻）を多くの大学院生が部分的にでも普通に学べることは大学院教育全体が変わっていくことにもなる。

　第8章に記載したアンケート結果や第三者評価から見ても、総じて本プログラムの方向性と成果が客観的に評価されている。我々が目指してきた方向性は現企業が要求する人材にマッチしており、育成の方向性が間違っていなかったことを再確認できた。今後はさらに企業とのパイプを深め、それを維持しながら産業界と大学が一緒になって、次代を担う学生を育成していきたいと考えている。

　またプログラムで培ってきたカリキュラムを、大学院共通科目へと展開をしていき、大学全体のレベルアップと真に求められる博士人材の育成に注力していきたい。

　これによって大阪府立大学は「高度研究型大学―世界に翔く（はばたく）地域の信頼拠点―」を築いていく。

おわりに

　SiMSのプログラム責任者となって4年が経過しようとしており、M1で履修を始めた1期生が5年間のプログラムの修了をもうすぐ迎えます。普段は履修生と直接関わる機会はないのですが、外部評価やSiMS関連のイベントなどで学生の発表を聞く機会があるごとにプログラムの成果を実感しました。大学院生の発表なので、自分の研究に関する発表が中心なのですが、SiMSの履修生はプラスアルファとして異分野融合の中で他の研究と組み合わせてどう使うか、海外との研究室との共同研究の交渉から成果まで、ビジネスコンテストでの発表にどう繋げたか、といった内容が含まれます。外部評価の委員からは「どうして府大の履修生は素晴らしい学生ばかりなのか」と言われ続けてきました。学生だけのヒアリングが行われプログラムに対する意見もはっきりと外部委員に伝えていて改善事項も外部委員から伝えられますが、他のリーディングプログラムと比べても履修生が成長しているのがはっきりと分かるのとプログラムの良さを履修生が実感しているということが分かるようです。

　本プログラム責任者としても、このプログラムが当初の予想通り、あるいは当初の予想以上の成果を上げていると感じています。もちろん国の補助金が大幅に削減されていく中での運営面の苦労は絶えず、教員・履修生には不安や負担をかけてきたことも否定できません。それでも、ここまでやってこられたのは、本プログラムの設計がしっかりしていてそれを全学に広げる形で忠実に実行してきたからだと思います。SiMSのカリキュラムはシステム思考を身に付けて実践するために良くできていると思いますが、その成果を評価するQE試験、Pre-Defense試験、Defense試験での達成目標をルーブリックで履修生に示して、そのルーブリックで評価を積み重ねるというPDCAのチェックの部分がしっかり

175

していたことがうまくいったと感じています。大学院生は専門で論文を書いてそれが一流雑誌に載れば良いというある意味分かりやすい形で評価されるのですが、それで身に付く能力が社会でどう役立つか分からない面もあります。SiMSのプログラムは評価も含めて今後の大学院教育に重要な示唆を与えていて、大学院教育、大学院だけではなく学士課程教育にも取り入れていく必要があると個人的に考えています。

　SiMSの評価は最終的にはSiMS修了生が社会での活躍を通して決まることになるのでしょうが、個人的にはその点は心配していません。履修生の皆さんの活躍を耳にすることを楽しみにしています。また、時々は大阪府立大学・大阪市立大学に戻って（統合されているかもしれませんが）後輩たちにSiMSの価値を伝えてあげてください。

　本プログラムに参加していただいた全ての人に心から感謝いたします。そしてこれからもSiMSをよろしくお願いします。

SiMSプログラム責任者

大阪府立大学副学長

高橋哲也

巻 末 付 録

1　プログラム受験の出願票

2　志願理由書

3　プログラム担当者一覧

4　リーディング支援室

5　QE試験評価ルーブリック表

6　PD試験Defense試験評価ルーブリック表

7　産業界出身メンター一覧（2013～2017年）

8　イノベーション創出型研究者養成（基礎講座）2017年度の内容

9　研究室ローテーション受け入れ研究室とテーマ一覧

10　戦略的システム思考力演習のテーマ実績一覧

11　海外交流会参加応募用紙

12　SiMS自主共同研究実施申請書

13　SiMS自主共同研究最終報告書

14　SiMS自主共同研究実施リスト

15　SiMS自主共同研究テーマ成果例（学会発表内容）

16　「SiMS×Cadet合同シンポジウム」スケジュール

17　学位記

18　News Letter　創刊号～Vol.7

巻末付録

巻末付録1　プログラム受験の出願票

(様式1)

大阪府立大学, 大阪市立大学　博士課程教育リーディングプログラム
「システム発想型物質科学リーダー養成学位プログラム」　　**履修志願票**

受験番号	※記入しないでください			
フリガナ			男・女　昭和・平成　　年　　月　　日 生	
氏　名				
現住所	〒 電話（　　）　－　　　携帯電話　　－　　－ E-mail：			
最終学歴	大学　　　　　学部　　　　　学科 平成　　年　　月　　日　卒業 ・ 卒業見込 所属研究室　　　　　電話（　　）　－			
進学予定 (または在学中) の専攻名	大学大学院　　　　研究科　　　　　専攻			
合格通知書 の受信場所	〒 電話（　　）　－			
※1 連絡先	現住所	〒 電話（　　）　－		写真貼付欄 上半身無帽 正面向き 3ヶ月以内に 撮影したもの （4cm×3cm）
	名前		続柄	

※1　本人以外に連絡可能な方の名前および住所, 電話番号, 続柄を記入してください。なお, 現住所と連絡先住所が同じ場合は, 名前, 続柄のみ記入してください。

(注)　裏面に「履歴書」があります。

平成26年度
システム発想型物質科学
リーダー養成学位プログラム

受験票

受験番号	※記入しないでください
フリガナ	
氏　名	

平成26年度
システム発想型物質科学
リーダー養成学位プログラム

写真票

受験番号	※記入しないでください
フリガナ	
氏　名	

写真貼付欄

上半身無帽
正面向き
3ヶ月以内に
撮影したもの
（4cm×3cm）

巻末付録2　志願理由書

大阪府立大学, 大阪市立大学　博士課程教育リーディングプログラム
「システム発想型物質科学リーダー養成学位プログラム」

志 望 理 由 書

		受験番号	※記入しないでください

フリガナ		生年月日		性別
氏　名 （自署）		昭和・平成　　年　　月　　日		男 ・ 女

現住所	〒 TEL　（　　　）　　　－

【志望理由書作成にあたって】

本プログラムでは、システム系の発想で物質科学を俯瞰し、社会や産業に存在する問題を見いだしているか、その問題点を解決するために必要な素養を得るために自らの力でデザインしたコースワークと研究計画が遂行でき、エネルギー科学、エレクトロニクスあるいは生命科学の分野で産業的イノベーションへ結びつける突破力が養成されたか、を修了に向けての重要な評価基準とします。従って、
　　　・自分が社会や産業のどの様な問題を解決しようとするのか、
　　　・そのために本プログラムでどの様な素養を身につけなければならないか、
　　　・その結果として、産業界でどのように活躍・貢献したいか、
を考えて、本プログラムの履修を希望する理由を1200字程度で述べなさい。

注意：　本用紙の両面に記入欄があります. 両面印刷で提出のこと.
　　　　用紙の追加、フォーマットの変更はできません.
　　　　図表を用いてもかまいません.　文献等を引用する場合は, 出典を明示すること.

【志望理由】

巻末付録

巻末付録3　プログラム担当者一覧

プログラム申請時（2013年当時）

フリガナ 氏　名（年齢）	所属部局・職名	現在の 専門・学位	役割分担（本年度の教育研究実施計画における分担事項）等
（申請大学） ツジ ヒロシ 辻　洋（60）	大阪府立大学・理事（教育研究担当）（兼）副学長（教育研究担当）	情報システム学博士（工学）	事業総括
タツミザゴ マサヒロ 辰巳砂　昌弘（58）	大阪府立大学大学院工学研究科副研究科長、工学研究科物質・化学系専攻・教授	無機材料化学工学博士	プログラムの総括、プログラムの設計・運用
アンポ マサカズ 安保　正一（67）	大阪府立大学学長顧問	触媒化学・光化学工学博士	プログラム運営調整総括、府大市大連携総括、教育・研究指導の実施
タカハシ テツヤ 高橋　哲也（52）	大阪府立大学学長補佐（兼）高等教育推進機構副機構長、大学院理学系研究科情報数理科学専攻・教授	整数論・暗号理論・数学教育理学博士	教育運営委員、カリキュラムの立案・策定、新大学院設置認可申請の統括
イトウ トモヒロ 伊藤　智博（62）	大阪府立大学大学院工学研究科機械系専攻・教授	機械力学博士（工学）	教育・研究指導計画の策定、実施
ミムラ コウジ 三村　耕司（54）	大阪府立大学大学院工学研究科機械系専攻・教授	固体力学博士（工学）	教育・研究指導計画の策定、実施
ヨコヤマ リョウヘイ 横山　良平（56）	大阪府立大学大学院工学研究科機械系専攻・教授	エネルギーシステム工学工学博士	SiMS運営委員、教育・研究指導計画の策定、実施
フクダ ヒロカズ 福田　弘和（38）	大阪府立大学大学院工学研究科機械系専攻・准教授	バイオプロダクション工学博士（工学）	教育・研究指導計画の策定、実施
オオツカ コウジ 大塚　耕司（50）	大阪府立大学大学院工学研究科航空宇宙海洋系専攻・教授	海洋環境学博士（工学）	SiMS運営委員、教育・研究指導計画の策定、実施
アリマ マサカズ 有馬　正和（49）	大阪府立大学大学院工学研究科航空宇宙海洋系専攻・准教授	海洋システム工学博士（工学）	教育・研究指導計画の策定、実施
コギソ ノゾム 小木曽　望（48）	大阪府立大学大学院工学研究科航空宇宙海洋系専攻・准教授	システム工学、信頼性工学、最適設計博士（工学）	SiMS運営委員、教育・研究指導計画の策定、実施
アキタ セイジ 秋田　成司（51）	大阪府立大学大学院工学研究科電子・数物系専攻・教授	ナノデバイス博士（工学）	教育・研究指導計画の策定、実施
イシハラ ハジメ 石原　一（54）	大阪府立大学大学院工学研究科電子・数物系専攻・教授	固体理論、光物性理論工学博士	副コーディネーター、カリキュラムと評価方法の開発、実施、教育・研究指導の策定、実施
ナイトウ ヒロヨシ 内藤　裕義（57）	大阪府立大学大学院工学研究科電子・数物系専攻・教授	有機エレクトロニクス工学博士	教育・研究指導計画の策定、実施

フジムラ ノリフミ 藤村 紀文 (53)	大阪府立大学大学院工学研究科電子・数物系専攻・教授	電子材料・デバイス博士（工学）	副コーディネーター、カリキュラムと評価方法の開発、実施、教育・研究指導の策定、実施
アシダ アツシ 芦田 淳 (52)	大阪府立大学大学院工学研究科電子・数物系専攻・准教授	電子材料、結晶工学博士（工学）	カリキュラムと評価方法の開発、教育・研究指導の策定、実施
シム ヨングゥ 沈 用球 (42)	大阪府立大学大学院工学研究科電子・数物系専攻・助教	光物性実験、半導体物性博士（工学）	カリキュラムと評価方法の開発、教育・研究指導の策定、実施
イシガメ アツシ 石亀 篤司 (50)	大阪府立大学大学院工学研究科電気・情報系専攻・教授	電力システム工学博士（工学）	SiMS運営委員、教育・研究指導計画の策定、実施
イシブチ ヒサオ 石渕 久生 (51)	大阪府立大学大学院工学研究科電気・情報系専攻・教授	計算知能博士（工学）	教育・研究指導計画の策定、実施
キセ コウイチ 黄瀬 浩一 (50)	大阪府立大学大学院工学研究科電気・情報系専攻・教授	情報工学博士（工学）	教育・研究指導計画の策定、実施
トデ ヒデキ 戸出 英樹 (48)	大阪府立大学大学院工学研究科電気・情報系専攻・教授	情報ネットワーク学博士（工学）	SiMS運営委員、教育運営委員、教育・研究指導計画の策定、実施
ナカシマ トモハル 中島 智晴 (42)	大阪府立大学大学院工学研究科電気・情報系専攻・教授	人工知能博士（工学）	教育・研究指導計画の策定、実施
イノウエ ヒロシ 井上 博史 (50)	大阪府立大学大学院工学研究科物質・化学系専攻・教授	電気化学博士（工学）	教育・研究指導計画の策定、実施
オギノ ヒロヤス 荻野 博康 (48)	大阪府立大学大学院工学研究科物質・化学系専攻・教授	化学工学、反応工学、生物科学工学博士（工学）	SiMS運営委員、教育・研究指導計画の策定、実施
コウノ ケンジ 河野 健司 (54)	大阪府立大学大学院工学研究科物質・化学系専攻・教授	生体関連高分子化学工学博士	教育・研究指導計画の策定、実施
コニシ ヤスヒロ 小西 康裕 (59)	大阪府立大学大学院工学研究科物質・化学系専攻・教授	プロセス工学工学博士	教育・研究指導計画の策定、実施
ヒサモト ヒデアキ 久本 秀明 (45)	大阪府立大学大学院工学研究科物質・化学系専攻・教授	分析化学博士（工学）	教育・研究指導計画の策定、実施
マツオカ マサヤ 松岡 雅也 (45)	大阪府立大学大学院工学研究科物質・化学系専攻・教授	物理化学・触媒化学・光化学博士（工学）	SiMS運営委員、教育運営委員、教育・研究指導計画の策定、実施
マツモト アキカズ 松本 章一 (54)	大阪府立大学大学院工学研究科物質・化学系専攻・教授	高分子化学工学博士	教育・研究指導計画の策定、実施
モリ シゲオ 森 茂生 (48)	大阪府立大学大学院工学研究科物質・化学系専攻・教授	材料物理学博士（工学）	SiMS運営委員、教育・研究指導計画の策定、実施
ワタノ サトル 綿野 哲 (48)	大阪府立大学大学院工学研究科物質・化学系専攻・教授	化学工学（粉体工学）博士（工学）	教育・研究指導計画の策定、実施

ハヤシ アキトシ 林 晃敏 (41)	大阪府立大学大学院工学研究科物質・化学系専攻・准教授	無機材料化学博士 (工学)	教育・研究指導計画の策定、実施
カワムラ ユウイチ 河村 裕一 (61)	大阪府立大学大学院工学研究科量子放射線系専攻・教授	ナノ構造光デバイス 理学博士	SiMS運営委員、教育・研究指導計画の策定、実施
イヌイ タカシ 乾 隆 (51)	大阪府立大学大学院生命環境科学研究科応用生命科学専攻・教授	タンパク質科学理学博士	SiMS運営委員、教育運営委員、教育・研究指導計画の策定、実施
コイズミ ノゾム 小泉 望 (50)	大阪府立大学大学院生命環境科学研究科応用生命科学専攻・教授	植物分子生物学博士 (農学)	SiMS運営委員、教育・研究指導計画の策定、実施
ヤマジ リョウイチ 山地 亮一 (49)	大阪府立大学大学院生命環境科学研究科応用生命科学専攻・教授	分子栄養学博士 (農学)	教育・研究指導計画の策定、実施
キタヤ ヨシアキ 北宅 善昭 (58)	大阪府立大学大学院生命環境科学研究科緑地環境科学専攻・教授	生物環境調節学 農学博士	SiMS運営委員、教育・研究指導計画の策定、実施
セタ カズヒサ 瀬田 和久 (44)	大阪府立大学大学院理学系研究科情報数理科学専攻・教授	教育システム情報学 博士 (工学)	SiMS運営委員、教育・研究指導計画の策定、実施
ホソコシ ユウコ 細越 裕子 (46)	大阪府立大学大学院理学系研究科物理科学専攻・教授	物性科学博士 (理学)	SiMS運営委員、教育運営委員、教育・研究指導計画の策定、実施
リュウ イルヒョン 柳 日馨 (63)	大阪府立大学大学院理学系研究科分子科学専攻・教授	有機合成化学工学博士	SiMS運営委員、教育・研究指導計画の策定、実施
フジイ イクオ 藤井 郁雄 (57)	大阪府立大学大学院理学系研究科生物科学専攻・教授	生物化学薬学博士	SiMS運営委員、教育・研究指導計画の策定、実施
ヨシダ アツヒコ 吉田 敦彦 (54)	大阪府立大学大学院人間社会学研究科長、人間社会学研究科人間科学専攻・教授	教育人間学、ホリスティック教育学博士 (教育学)	教育運営委員、リテラシー教育プログラムの策定、実施
ブリトン ジョセフ Joseph Britton (65)	大阪府立大学高等教育推進機構・特命教授	スピーチプレゼンテーション理学士	グローバルリーダー教育プログラムの策定と実施
マツイ トシユキ 松井 利之 (49)	大阪府立大学21世紀科学研究機構・教授	材料物性学博士 (工学)	副コーディネーター、プログラム運営に際しての学内調整、教育・研究指導計画の策定、実施
ウエノヤマ タケシ 上野山 雄 (57)	パナソニック株式会社・フェロー	半導体・デバイスディスプレイPh.D	プログラムアドバイザー
タカス ヒデミ 高須 秀視 (66)	ローム株式会社・常務取締役LSI統括本部長 兼 研究開発担当	半導体デバイス工学修士	プログラムアドバイザー
ナガヒロ ケンシ 永広 建志 (65)	関西アーバン銀行・元専務取締役	人事管理・経営マネージメント法学士	統括メンター、教育計画の策定支援

サカイ トシヒコ 酒井 俊彦 (66)	住友金属テクノロジー株式会社・元代表取締役社長	計測工学・自動化技術・技術マネージメント工学博士	学生メンター、教育計画の策定支援
マツダ モトノブ 松田 元伸 (68)	大阪府立大学21世紀科学研究機構・プログラム運営統括	精密工学・技術マネージメント工学士	学生メンター、教育計画の策定支援
マスモト ヒサユキ 升本 久幸 (62)	大阪府立大学21世紀科学研究機構・統括コーディネーター	精密工学・技術マネージメント工学修士	プログラム運営統括、学生メンター、教育計画の策定支援
オクダ ヒロユキ 奥田 浩之 (47)	大阪府立大学21世紀科学研究機構・客員研究員 （りそな銀行）	金融学学士	教育プログラムのコーディネート
(その他の大学) ヨコガワ ヨシユキ 横川 善之 (58)	大阪市立大学大学院工学研究科機械物理系専攻・教授	生体材料博士（工学）	教育・研究指導計画の策定、実施
カネコ ヨシヒサ 兼子 佳久 (44)	大阪市立大学大学院工学研究科機械物理系専攻・教授	材料工学博士（工学）	SiMS運営委員、教育・研究指導計画の策定、実施
シゲカワ ナオテル 重川 直輝 (52)	大阪市立大学大学院工学研究科電子情報系専攻・教授	半導体デバイス物理博士（理学）	教育・研究指導計画の策定、実施
タカハシ ヒデヤ 高橋 秀也 (55)	大阪市立大学大学院工学研究科電子情報系専攻・教授	電気情報システム博士（工学)	教育・研究指導計画の策定、実施
キン テギ 金 大貴 (45)	大阪市立大学大学院工学研究科電子情報系専攻・教授	ナノマテリアル工学、光物性実験博士（理学）	SiMS運営委員、教育運営委員、教育・研究指導計画の策定、実施
ナカヤマ マサアキ 中山 正昭 (58)	大阪市立大学大学院工学研究科電子情報系専攻・教授	半導体光物性理学博士	副コーディネーター、カリキュラムと評価方法の開発、実施、教育・研究指導の策定
アタ シンゴ 阿多 信吾 (40)	大阪市立大学大学院工学研究科電子情報系専攻・教授	情報通信工学博士（工学）	SiMS運営委員、教育運営委員、教育・研究指導計画の策定、実施
トリウ タカシ 鳥生 隆 (62)	大阪市立大学大学院工学研究科電子情報系専攻・教授	画像処理、コンピュータービジョン理学博士	SiMS運営委員、教育運営委員、教育・研究指導計画の策定、実施
ハラ シンスケ 原 晋介 (52)	大阪市立大学大学院工学研究科電子情報系専攻・教授	情報通信工学工学博士	教育・研究指導計画の策定、実施
タクボ トモヒト 田窪 朋仁 (38)	大阪市立大学大学院工学研究科電子情報系専攻・准教授	ロボット工学博士（工学）	教育・研究指導計画の策定、実施
シユキ エイジ 仕幸 英治 (39)	大阪市立大学大学院工学研究科電子情報系専攻・准教授	スピントロニクス博士（工学）	教育・研究指導計画の策定、実施

コバタケ セイヤ 小畠 誠也 (45)	大阪市立大学大学院工学研究科化学生物系専攻・教授	光機能材料化学博士（工学）	SiMS運営委員、教育運営委員、教育・研究指導計画の策定、実施
ツジ コウイチ 辻 幸一 (50)	大阪市立大学大学院工学研究科化学生物系専攻・教授	分析化学工学博士	教育・研究指導計画の策定、実施
ナガサキ タケシ 長崎 健 (50)	大阪市立大学大学院工学研究科化学生物系専攻・教授	医用材料工学、生体機能工学博士（工学）	SiMS運営委員、教育・研究指導計画の策定、実施
タチバナ アキラ 立花 亮 (48)	大阪市立大学大学院工学研究科化学生物系専攻・准教授	分子生物学博士（理学）	教育・研究指導計画の策定、実施
ホリベ ヒデオ 堀邊 英夫 (52)	大阪市立大学大学院工学研究科化学生物系専攻・教授	高分子物性博士（工学）	教育・研究指導計画の策定、実施
ニシオカ タカオ 西岡 隆夫 (54)	住友電気工業（株）・アドバンストマテリアル研究所無機材料研究部・部長	金属・無機材料工学博士	学生指導、インターン受入対応
タダ ヒロシ 多田 裕 (55)	村田製作所・執行役員	高周波・品質保証工学士	学生指導、インターン受入対応
アライ トシアキ 新井 利明 (60)	株式会社日立製作所ディフェンス社・主管技師長	情報システム博士（工学）	学生指導、インターン受入対応
モリヤス タカシ 守安 隆 (59)	東芝ソリューション（株）IT技術研究開発センター企画部	情報システム博士（工学）	学生指導、インターン受入対応
カラサキ トシヒコ 唐崎 敏彦 (61)	コニカミノルタ（株）・常務取締役オプティクスカンパニー長	製造業経営工学修士	学生指導、インターン受入対応
イコマ キョウコ 生駒 京子 (57)	㈱プロアシスト・代表取締役社長	経営・情報工学士	学生指導、インターン受入対応
マツウラ ユタカ 松浦 裕 (61)	日立金属（株）NOMAX事業部・技師長	永久磁石材料開発工学博士	学生指導、インターン受入対応
イシハラ ヒデキ 石原 英幹 (54)	ニットーボーメディカル株式会社研究開発部・研究開発部長	癌診断医学博士	学生指導、インターン受入対応
イズミ ノリアキ 和泉 憲明 (45)	（独）産業技術総合研究所知能システム研究部門・上級主任研究員	サービスシステム開発博士（工学）	学生指導、インターン受入対応
アンガス キンゴン Angus I. Kingon (59)	Prof. of Eng., and Barrett Hazeltine Univ. Prof. of Entrepreneurship and Organizational Studies at Brown Univ.	材料化学・Entrepreneurship教育学Ph.D.	プログラムアドバイザー、カリキュラム策定支援、留学受入対応
ミシェル シェ Michel CHE (72)	Université Pierre et Marie Curie・Professor	Chemical Engineering Ph.D.	プログラムアドバイザー、カリキュラム策定支援、留学受入対応
チョウ キンリュウ Jinlong Zhang (49)	華東理工大大学院工学研究科応用化学専攻・教授	応用化学博士（応用化学）	学生指導、留学受入対応

オー ミョンホン Oh Myung-Hoon （54）	Kumoh National Institute of Technology, School of Advanced Materials and Systems Engineering・Professor	Metallic Materials Ph.D. （Engineering）	学生指導、留学受入対応
ジンタワット カイチャナワン Jintawat Chaichanawong（35）	Thai-Nichi Institute of Technology（TNI）, Faculty of Engineering・Associate Professor	Chemical Engineering Dr. Eng.	学生指導、留学受入対応
ナンシー スーザン Nancy Southern（63）	Saybrook University, School of Organizational Leadership and Transformation・Professor	Organizational learning and development・ED.D.	学生指導、留学受入対応
アーミット ティワナ Amrit Tiwana（39）	Terry College of Business, University of Georgia・Associate Professor	Inforamation systemPh.D.	学生指導、留学受入対応
チャンシン リ Chang-Shing Lee（45）	National University of Tainan, Dept. of Computer Science and Information Engineering・Professor	Computer Science and Information Engineering Ph.D.	学生指導、留学受入対応
ペーター ポポフスキー Petar Popovski（40）	Aalborg University, Department of Electronic Systems・Professor	Communications Theory Ph.D.	学生指導、留学受入対応
ケサン リ Kyesan Lee（44）	Kyung Hee University, School of Electronics and Information・Professor	Communications Engineering Ph. D.	学生指導、留学受入対応
ファル デス Phal Des（43）	the Royal University of Phnom Penh, ViceRector・Professor	Information Science D.E.S	学生指導、留学受入対応
アンドレアス デンゲル Andreas Dengel（53）	大阪府立大学 客員教授、Computer Science Department University of Kaiserslautern・Professor	Computer Science and Economics Dr. rer. nat.	学生指導　留学受入対応
イングリット ウォルフ Ingrid De Wolf（53）	imec・Manajour	MEMS reliability Ph.D.（science, Physics）	学生指導、海外インターン受入対応
アレックス ホ Alex Ho（50）	CEO of Anabas, Inc.	Information SystemPh.D.	学生指導、海外インターン受入対応
マツナミ ナオト 松並　直人（49）	Hitachi Asia, Ltd. R&D Center・General Manager	情報システム学士（工学）	学生指導、海外インターン受入対応
事務担当者	所属部局・職名	連絡先（電話番号、FAX番号、e-mailアドレス等）	
フジワラ サトル 藤原　哲	大阪府立大学 総務部 総合企画課 企画室 主査	電話：072-254-8419　FAX：072-254-8421 e-mail：csf25163@osakafu-u.ac.jp	

巻末付録4　リーディング支援室

		2013年度	2014年度	2015年度	2016年度	2017年度
升本　久幸	大阪府立大学 リーディングプログラム運営統括				▶	
河北　哲郎	大阪府立大学 リーディングプログラム運営統括				◀—	
横田由紀子	大阪府立大学　リーディング支援室				—▶	
渡辺由美子	大阪府立大学　リーディング支援室				—▶	
北出谷叔宏	大阪府立大学　リーディング支援室			▶		
松岡　政彦	大阪府立大学　リーディング支援室			▶		
二村真理江	大阪府立大学　リーディング支援室				—▶	
羽地佐希子	大阪市立大学　研究支援課			—▶		
瀬川公三洋	大阪市立大学　学修支援推進室				◀—	
高田真由美	大阪府立大学　高度人材育成センター					◀—
池内　優子	大阪府立大学　高度人材育成センター					◀—
田村由紀子	大阪府立大学　高度人材育成センター					◀
野里　直子	大阪府立大学　高度人材育成センター					◀

注）2017年度からリーディング支援室は高度人材育成センターと一体運営となる。

巻末付録5　QE試験評価ルーブリック表

受験番号

資格審査（QE）の評価基準　【面接審査】

評価項目	ルーブリック評点					
	0点	1点	2点	3点	4点	5点
(2) システム的発想から研究を俯瞰する力	システム的発想から研究を俯瞰する力を意識していない	システム的発想から研究を俯瞰する力を意識しているが身に着いていない	システム的発想から研究を俯瞰する力を意識しており一定の事前知識を得ている	システム的発想から研究を俯瞰する力を意識して就の場での応用しようとしている	システム的発想から研究を俯瞰する力を意識しての実践の場での応用し理解が深められている	システム的発想から研究を俯瞰する力を意識し身に着け、様々な場面で応用できる
(3) 階層融合的に研究戦略を構築できるデザイン力	階層融合的に研究戦略を構築できるデザイン力を意識していない	階層融合的に研究戦略を構築できるデザイン力を意識しているが準備ができていない	階層融合的に研究戦略を構築できるデザイン力を意識しており一定の知識を得ている	階層融合的に研究戦略を構築できるデザイン力を演習や実践の場で応用しようとしている	階層融合的に研究戦略を構築できるデザイン力を演習や多くの実践の場で応用し理解が深められている	階層融合的に研究戦略を構築できるデザイン力を身に着け多くの実践場面で応用できる
(4) 基礎的研究（研究成果）やその周辺技術）を産業的イノベーションと結びつける発想を有している	基礎的研究（研究成果）やその周辺技術）と産業的イノベーションを結びつける発想を意識していない	基礎的研究やその周辺技術）と産業的イノベーションを結びつける発想を意識しているが準備ができていない	基礎的研究やその周辺技術）と産業的イノベーションを結びつける発想を意識しており一定の知識を得ている	基礎的研究やその周辺技術）と産業的イノベーションを結びつける発想を意識して演習や実践の場で応用しようとしている	基礎的研究（研究成果）やその周辺技術）と産業的イノベーションを結びつける発想や多くの発想力や実践の場での応用し理解が深められている	基礎的研究（研究成果）やその周辺技術）と産業的イノベーションを結びつける発想力に着け様々な場面で応用できる
(7) 自らの発想をグローバルに波及させる国際発信力を有している	グローバルな視点での活動あるいは専門を超えた幅広い活動を意識していない	グローバルな視点での活動あるいは専門を超えた幅広い活動を意識しているが準備ができていない	グローバルな視点での活動あるいは専門を超えた幅広い活動を意識しており一定の知識を得ている	グローバルな視点での活動あるいは専門を超えた幅広い活動を意識しようとしている	グローバルな視点での活動あるいは専門を超えた幅広い活動を意識して演習や実践を経験している	グローバルな視点での活動あるいは専門を超えた幅広い活動を意識しており数多い演習や実践を積み国際発信力を有している
採点						

コメント：

(1)

(2)

(3)

(4)

合計点　×5（満点100点）

平成　30年　　　月　　　日

評価者氏名：

巻末付録6　PD試験Defence試験評価ルーブリック表

システム発想型物質科学リーダー養成学位プログラム履修生　PD/D審査【面接】【書類】

受験番号

評価項目	ルーブリック評点					
	0点	1点	2点	3点	4点	5点
②システム的発想から研究を俯瞰する力を有している	システム的発想から研究を俯瞰する力を意識していない	システム的発想から研究を俯瞰する力を意識しているが準備ができていない	システム的発想から研究を俯瞰する力を意識しており一定の事前知識を得ている	システム的発想から研究を俯瞰する力を演習や実践の場で応用しようとしている	システム的発想から研究を俯瞰する力を演習や多くの実践の場で応用し、理解が深められている	システム的発想から研究を俯瞰する力を身に着け、様々な場面で応用できる
③階層融合的に研究戦略を構築できるデザイン力を有している	階層融合的に研究戦略を構築できるデザイン力を意識していない	階層融合的に研究戦略を構築できるデザイン力を意識しているが準備ができていない	階層融合的に研究戦略を構築できるデザイン力を意識しており一定の知識を得ている	階層融合的に研究戦略を構築できるデザイン力を演習や実践の場で応用しようとしている	階層融合的に研究戦略を構築できるデザイン力を演習や多くの実践の場で応用し理解が深められている	階層融合的に研究戦略を構築できるデザイン力を身に着け様々な場面で応用できる
④基礎的研究（研究成果やその周辺技術）を産業的イノベーションへと結びつける発想力を有している	基礎的研究（研究成果やその周辺技術）と産業的イノベーションを結びつける発想を意識していない	基礎的研究（研究成果やその周辺技術）と産業的イノベーションを結びつける発想を意識しているが準備ができていない	基礎的研究（研究成果やその周辺技術）と産業的イノベーションを結びつける発想を意識しており一定の知識を得ている	基礎的研究（研究成果やその周辺技術）と産業的イノベーションを結びつける発想力を演習や実践の場で応用しようとしている	基礎的研究（研究成果やその周辺技術）と産業的イノベーションを結びつける発想力を演習や多くの実践の場で応用し理解が深められている	基礎的研究（研究成果やその周辺技術）と産業的イノベーションを結びつける発想力を身に着け様々な場面で応用できる
⑦自らの発想をグローバルに波及させる国際発信力を有している	グローバルな視点での活動あるいは専門を超えた幅広い活動を意識していない	グローバルな視点での活動あるいは専門を超えた幅広い活動を意識しているが準備ができていない	グローバルな視点での活動あるいは専門を超えた幅広い活動を意識していて一定の知識を得ている	グローバルな視点での活動あるいは専門を超えた幅広い活動を意識していて演習や実践の場で応用しようとしている	グローバルな視点での活動あるいは専門を超えた幅広い活動を意識し演習や実践の場を経験している	グローバルな視点での活動あるいは専門を超えた幅広い活動を意識しており数多くの演習や実践を積み国際発信力を有している
⑤基礎的研究（研究成果やその周辺技術）を産業的イノベーションへと結びつけるマネジメント力を有している	ことづくりの発想から基礎的研究（研究成果やその周辺技術）を産業的イノベーションに結びつけるマネジメントを意識していない	ことづくりの発想から基礎的研究（研究成果やその周辺技術）を産業的イノベーションに結びつけるマネジメントを意識しているが準備ができていない	ことづくりの発想から基礎的研究（研究成果やその周辺技術）を産業的イノベーションに結びつけるマネジメントを意識しており一定の知識を得ている	ことづくりの発想から基礎的研究（研究成果やその周辺技術）を産業的イノベーションに結びつけるマネジメント形態を発想し演習や実践の場で応用しようとしている	ことづくりの発想から基礎的研究（研究成果やその周辺技術）を産業的イノベーションに結びつけるマネジメント形態を企画し演習や多くの実践の場で応用し理解が深められている	ことづくりの発想から基礎的研究（研究成果やその周辺技術）を産業的イノベーションに結びつけるマネジメント力を身に着け様々な場面で応用できる
⑥自らの発想をグローバルに波及させることができるリーダーシップを有している	自らの発想をグローバルに波及させることができるリーダーシップを意識していない	自らの発想をグローバルに波及させることができるリーダーシップを意識しているが準備ができていない	自らの発想をグローバルに波及させることができるリーダーシップを意識しており一定の知識を得ている	自らの発想をグローバルに波及させることができるリーダーシップを意識しており演習や実践の場で応用しようとしている	自らの発想をグローバルに波及させることができるリーダーシップを意識しており演習や実践の場で応用し身に着け始めている	自らの発想をグローバルに波及させることができるリーダーシップを身に着け様々な場面で発揮できる

	(1)	(2)	(3)	(4)	(5)	(6)
採点						

	合計点	×3.3（満点99点）

コメント

評価者氏名　　　　　　　　　　　　　　　　　　　平成27年　月　日

巻末付録7　産業界出身メンター一覧（2013〜2017年）

氏名	出身企業	2013	2014	2015	2016	2017
酒井俊彦	元住友金属テクノロジー(株)社長	●━━━━━━━━━━━━━━━━━				
升本久幸	元コニカミノルタ(株)取締役事業統括部長	●━━━━━━━━━━━━━━━→				
藤田正明	元パナソニック(株)常務役員	●━━━━━━━━━━━━━━━━━				
西井隆儀	元コニカミノルタセンシング(株)企画管理部長	●━━━→				
岡崎省三	元川崎重工業(株)技術研究所材料研究部長	●━━━→				
松田公昭	元(株)住化分析センター(上海)董事長	●━━━→				
永廣建志	元(株)関西アーバン銀行専務取締役	●━━━→				
河北哲郎	パナソニック(株)元技術本部開発グループ長			←━━━━━━━━		
鈴木利雄	元大阪ソーダ(株)R&D新事業推進部次長 (兼) DSウェルフーズ(株)取締役				←━━→	

巻末付録

巻末付録8　イノベーション創出型研究者養成（基礎講座）2017年度の内容

1　イノベーション創出型研究者の必要性		
（1）	イノベーションの必要性 高度人材育成の役割	高度人材育成センター	松井利之教授、 浜田正隆統括コーディ ネーター
（2）	イノベーションを実現する人材への育ち方	（株）日経BP	宮田満特命編集委員
（3）	アントレプレナーシップと起業の魅力	大阪府立大学 元（株）日立製作所	広瀬正特認教授
2　企業研究者に必要なMOT的要素		
（4）	企業における研究者への期待 ・企業戦略と研究戦略 ・企業の期待する技術者	大阪府立大学 元パナソニック（株）	藤田正明特認教授
（5）	事業化のための研究開発マネジメント ・テーママネジメント ・事業化のプロセス	大阪府立大学 元（株）大阪ソーダ、 兼）DSウェルフーズ（株）	鈴木利雄特認教授
（6）	商品開発者に必要な倫理と知識 ・開発倫理とコンプライアンス ・ライフサイクルアセスメント、 　リスクマネージメント ・品質保証と品質管理	（一社）近畿化学協会 元花王（株）	辻井薫科学技術アド バイザー
（7）	技術者が知っておくべき知的財産 ・知的財産とは？ ・特許 － 未来を捉える競争 ・著作権 － 特許とどう違う？ ・不正競争防止法 － 技術流出防止の側 　面から	野河特許事務所 弁理士	稲本潔副所長
（8）	ビジネス企画と研究企画 ・ビジネス企画とは ・ビジネス企画と研究企画 ・企画書の目的と準備	大阪府立大学 元住友金属テクノロジー （株）	酒井俊彦特認教授
3　企業研究者に必要な素養		
（9）	企業管理者教育研修をモデルにした講義	日鉄住金総研（株） ビジネスソリューション部	人見康雄 上席コンサルタント
（10）	実践プレゼン能力強化	パナソニック（株） 人材開発カンパニー	小藪康氏
（11）	プレゼン能力強化演習		
（12）	プロジェクトマネージメント基礎	（一社）PMI日本支部	成松秀夫氏
（13）	インターンシップ報告会	TEC-Ⅲ、TEC-Ⅳ	修了者
4　企業研究の成功モデル		
（14）	圧電薄膜の開発とセンサ＆アクチュエー ターの実用化	パナソニック（株） 先端研究本部	藤井映志室長
（15）	Cats have nine lives. Entrepreneurs also need that many!	Alldonet Co., Ltd.	Laurent Safa氏 Founding CEO
5　多彩なキャリアパスに向けて		
（16）	研究者のキャリアデザイン	（株）応用社会心理学研 究所	八木秀泰氏 取締役CI事業部長

巻末付録9　研究室ローテーション受け入れ研究室とテーマ一覧

大学	学部	専攻	研究室	受け入れテーマ
大阪府立大学	工学	機械	伊藤研究室	円柱の流力弾性振動を利用した発電システムの研究
			三村研究室	高速材料試験機を用いた配管材料の変形抵抗のひずみ速度依存性に関する研究
			横山研究室	分散型エネルギーシステムの性能分析・最適化の研究
		航空宇宙海洋	小木曽研究室	バラツキを考慮した最適設計手法の開発あるいは応用に関する研究
			大塚研究室	ハロン湾におけるBDF普及の低炭素効果に関する研究
		電子・数物	秋田研究室	フレキシブル無線デバイスによる建造物の歪み計測に関する研究
			石原研究室	固体誘電率測定と新奇単一分子分光可能性の理論探索
			内藤研究室	有機薄膜太陽電池の作製と特性評価に関する研究
			藤村研究室	機能性薄膜の物性評価：導電体・半導体・誘電体を用いたデバイスの基礎物性
		電気・情報	石亀研究室	太陽光発電の出力制御システムの研究
			石渕研究室	進化型多数目的最適化アルゴリズムの性能評価に関する研究
			黄瀬研究室	Reading-Life Logの研究
			戸出研究室	計算機シミュレーション技法を用いたネットワーク制御の性能評価に関する研究
			中島研究室	大量データからのパターン認識の研究
		物質・化学	井上研究室	ペロブスカイト酸化物電極のアルカリ二次電池への応用
			河野研究室	ドラッグデリバリーシステムの作製と機能評価に関する研究
			辰巳砂研究室	全固体電池にむけた新しい固体電解質材料の研究
			久本研究室	マイクロ・ナノ化学センサーデバイス開発の研究
			松岡研究室	可視光応答型光触媒薄膜の作製と太陽エネルギー変換反応への応用
			松本研究室	高性能透明ポリマー材料の合成と特性評価に関する研究
			荻野研究室	酵素工学、反応工学などで学生と相談の上決定
			小西研究室	バイオミネラリゼーションによる白金族金属ナノ粒子の調製と高性能触媒への応用に関する研究
			綿野研究室	粒子設計と粉体プロセスの解析に関する研究
			森研究室	酸化物誘電体の試料作製と物性・構造評価
			池田研究室	光化学反応を利用した有機半導体の合成
		量子放射線	河村研究室	半導体量子ナノ材料の研究

	生命環境	応用生命科学	乾研究室	生体内輸送蛋白質と難水溶性薬剤との相互作用の研究
			山地研究室	食品成分による骨格筋を構成する筋繊維タイプの制御に関する研究
			小泉研究室	組換えタンパク質を用いた試験管内でのRNA分解酵素活性に関する研究
		緑地環境	北宅研究室	植物葉のガス・熱交換および根の水・無機イオン吸収の環境応答に関する研究
	理学	情報数理	瀬田研究室	メタ学習支援システムの開発・評価
		物理科学	細越研究室	有機ラジカルの合成および単結晶試料の磁場中低温物性の研究
			飯田研究室	無機・有機・生体ナノ物質の光集積・光計測の理論的・実験的研究
			小菅研究室	熱を電気に変換する新しい熱電変換材料の研究
		分子科学	柳研究室	マイクロリアクターによる次世代型物質生産プロセスに関する研究
			小関研究室	センサーのための材料分子の理論設計
大阪市立大学	工学	機械物理	横川研究室	バイオセラミックスへの蛋白質の吸着と脱離挙動の動的解析
			兼子研究室	電気めっき法によるナノ構造を有する金属薄膜の形成とその機械的特性の研究
		電子情報	仕幸研究室	スピントロニクスを用いたデバイス創製に関する研究
			高橋研究室	網膜投影型ヘッドマウントディスプレイの広視域化に関する研究
			鳥生研究室	色の恒常性を実現する方法に関する研究―色知覚の不思議の一端に触れる
		電気機情報	田窪研究室	ロボット用ミドルウェアを用いた構成論的課題解決型ロボットに関する研究
			原研究室	運動中の心拍センシングとそのデータのリアルタイム無線伝送に関する研究
			阿多研究室	利用者の挙動に応じた柔軟かつ動的なネットワーク制御技術に関する研究
			中山研究室	レーザーアブレーション法によるZnO結晶薄膜の作製と励起子光物性の研究
			金研究室	液相法による半導体ナノ粒子の作製と光学特性に関する研究
			重川研究室	酸化膜／半導体異種材料接合作製とその特性評価に関する研究
		化学生物	辻研究室	微小部蛍光X線分析法に関する研究
			小畠研究室	フォトクロミック化合物の合成と光化学反応解析に関する研究
			堀邊研究室	ポリフッ化ビニリデンの結晶構造制御に関する研究
			長崎研究室	難水溶性化合物（物質）の水溶化に関する研究
			立花研究室	細胞挙動へのmicroRNAの影響の研究

193

巻末付録10　戦略的システム思考力演習のテーマ実績一覧

年度	班	テーマ
2014	1班	次世代タブレットPC端末
	2班	RF-IDシステム
	3班	空気清浄機とその構成要素の応用案
	4班	高血圧治療システムのためのウェアラブルデバイス
	5班	睡眠サポートシステム
2015	1班	臭い拡散制御システム
	2班	砂漠での水分補給装置
	3班	歩くＶＲ空間実現システム
	4班	暗い空間での読書装置
2016	1班	ナノサイズの圧電素子を使ったデバイス
	2班	PDTによるがん治療の副作用低減
	3班	マイクロ流体チップを用いたマイクロ化学プラント
	4班	MEMSを用いた植物DNAポータブル分析
2017	1班	湖沼や海中のCOD簡易測定システム
	2班	マンゴー栽培の最適化

巻末付録

巻末付録11　海外交流会参加応募用紙

キャリアプラン作成に向けての海外交流会
（シンガポールの企業、大学訪問）

LP学年		LP履修番号		氏名		学籍番号 （　　　）
専攻・分野	研究科			専攻		分野
連絡先				指導教員		

＜応募理由書＞ Reason for application
　今回の海外交流会で、あなたのキャリアプランのどの部分を作成（補強）したいと考えていますか？
また、そのためにどんなことを学び（体験し）たいかを600字程度で記してください。
What do you think you can learn and experience for your career plan by this training tour?
(about 600 words)

＜報告書＞　Report
　結果、キャリアプラン作成（補強）にどんな見通しがついたかを報告下さい（400字程度）。
　（その他、今回の交流会で役立ったこと、改良して欲しいことなどの自由意見もお書き下さい。）
How do you think this training tour will be beneficial to your career planning?
Please write your opinion about this tour.

判定	

195

巻末付録12　SiMS自主共同研究実施申請書

平成 29 年度　**SiMS** 自主共同研究実施申請書（新規）

申請日　　　　年　　　　月　　　　日

研究課題名	
研究予定期間	年　　　月　　　日 ～ 　　　年　　　月　　　日

（研究課題名はホームページやニュースレター等に掲載される可能性がありますので，著作権等に関係する場合は注意してください）

1．研究組織（申請者，共同研究者，および研究協力者）

（役割*） 氏　　名 (SiMS 履修生の場合，履修生番号も記入)	所　　属（大学・研究機関等）	役割分担（本研究における役割を簡潔に記載すること）
（研究代表者） ○○○○ LP○○○○	○○大学　○○研究科 ○○分野　M○ or D○	
（共同研究者） ○○○○ LP○○○○	○○大学　○○研究科 ○○分野　M○ or D○	
（共同研究者） ○○○○	○○大学　○○研究科 ○○分野　教授	
（研究協力者） ○○○○	○○研究所　○○部門 研究員	

（研究代表者，共同研究者，研究協力者が多数の場合，適宜，行を追加して記入すること）

＊本申請書では，以下のように定義する。

研究代表者：本研究を主体的に遂行し，代表する者

共同研究者：代表者と共に主体的に本研究を遂行する者

研究協力者：本研究遂行に協力を行う者（例えば，アドバイス，知見，実験設備等の提供を行う者）

巻末付録

２．研究内容

実施する自主共同研究の内容について，次の点に焦点を絞り，記述すること。（適宜，図表などを加えても良い）
① 研究の背景と目的，本研究の位置づけ
② 具体的な研究内容
③ 予想される結果と意義

（研究の背景と目的）

（具体的な研究内容）

（予想される結果と意義）

（枠は適宜拡張して記述しても良い）

３．研究計画

研究目的を達成するための研究計画・方法について，次の点を含めて具体的かつ明確に記述すること。（適宜，図表などを加えても良い）
① ロードマップを作成し，研究計画や方法，達成目標（マイルストーン），研究期間中の成果を発表する方法や場（学会やコンテスト）の予定についても記載すること（年度をまたいでも良い）。
② 共同研究者とともに行う研究計画である場合は，各共同研究者全員の役割を記述すること。
③ 研究経費が発生する場合は，使用予定について記述すること。（概算で良い）

（研究計画・方法およびロードマップ）

（実施研究における各共同研究者の役割）

（研究経費の使用予定）

（枠は適宜拡張して記述しても良い）

197

巻末付録13　SiMS自主共同研究最終報告書

平成 29 年度　SiMS 自主共同研究最終報告書

提出日　　　　年　　　月　　　日

代表者氏名 （履修生番号）	
共同研究者氏名	
研究課題名	
研究期間	年　　　月　　　日　～　　　年　　　月　　　日

実施報告（以下の内容を記述すること）
　① 実施した自主研究の実施状況，活動内容，達成度について（当初の目的，目標と比較して記述すること）
　② 共同研究に参加した各 SiMS 履修生が果たした役割および，得られた経験や育成された素養について（履修生毎に記載する事）

（自主共同研究全体の実施状況，活動内容，達成度）

（各履修生が果たした役割および育成された素養）
・履修生 A

・履修生 B

研究成果
　具体的な共同研究の成果について記述すること。
　研究成果を発信した場合は，その内容を記載すること（論文，学会，i-WS 発表，コンテスト，特許等のリスト等）。

（共同研究の成果）

（研究成果の発信）
○○学会にて○○というタイトルで発表（共著者：○○）
○○コンテストに参加，○○賞受賞

（適宜，枠を拡張して記載してください）

巻末付録

巻末付録14　SiMS自主共同研究実施リスト

<2015年度>

①N.K.（大阪府立大学大学院工学研究科　物質・化学系専攻　D1）
　・研究テーマ：「エアロゾルから見た南大洋・南極沿岸域の物質循環過程」
・特色：主研究の「窒化酸化物」に対して，「エアロゾル」の化学的変質のメカニズム解明
　・共同研究者（機関）：福岡大学理学部地球圏科学科　H.M. 教授

②I.M.　（大阪府立大学大学院工学研究科　航空宇宙海洋系専攻　M2）、
　H.T.　（大阪府立大学大学院工学研究科　電気・情報系専攻　M2）
　・研究テーマ：「信頼性に基づく最適設計と進化型計算を組み合わせた手法の構築と実用に関す
　　　　　　　る研究」
　・特色：I.Mの航空機の構造設計に，H.T.の解析法と数値計算アルゴリズムを導入し，従来手法
　　　　　より高精度かつ高速な構造最適化を実現する。

③F.Y.（大阪府立大学大学院工学研究科　電子・数物系専攻　M2）
　M.G.（大阪府立大学大学院工学研究科　物質・化学系専攻　M2）
　M.M.（大阪府立大学大学院工学研究科　物質・化学系専攻　M2）
　・研究テーマ：「アントレプレナーシップ養成のため実践演習」
　・特色：異分野の3名が共同でターゲットシステムの選定からスタートし，ビジネスモデルの構
　　　　　築まで行う。大気汚染測定器，体組成計，血糖値センサー等。

④K.Y.（大阪府立大学大学院理学系研究科　生物科学専攻　M2）
　・研究テーマ：「実験動物の行動解析による環状ヌクレオチド誘導体と記憶の関係に関する研究」
　・特色：主研究の分子・細胞レベルの機能解析実験から，動物の行動解析実験に挑戦。
　・共同研究者（機関）：東京都健康長寿医療センター研究所　E.S.先生，Y.S.先生

⑤M.N.（大阪府立大学大学院理学系研究科　生物科学専攻　D1）
　I.A.　（大阪府立大学大学院生命環境科学研究科　応用生命科学専攻　M2）
　・研究テーマ：「酵素タンパク質を土台とした人工酵素の設計」
　・特色：I.A.の有機合成に関する技術と，M.N.のタンパク質科学の知識を融合し，新しい人工酵
　　　　　素の設計を行う。

⑥S.A.（大阪府立大学大学院工学研究科　物質・化学系専攻　M2）
・研究テーマ：「細胞分裂を指向したマイクロ分析デバイスの開発と実試薬を用いたデバイス性
　　　　　　　能評価に関する研究」
・特色：主研究で身につけたマイクロ分析化学の知見を細胞分析に適用
・共同研究者（機関）：近畿大学薬学部　→　今後，府大内の関連研究室も視野に入れる

⑦K.K.（大阪府立大学大学院工学研究科　電子・数物系専攻　D1）
・研究テーマ：「モーションフィードバック型スポーツウェアの開発」
・特色：異分野の学生を積極的に巻き込んで，振動発電を用いた斬新的な事業創出を目指す
・共同研究者（機関）：奈良先端科学技術大学院大学　大学院生
　　　　　　　　　　　情報工学研究科 環境知能学研究室　N.S.
　　　　　　　　　　　バイオサイエンス研究科 植物成長制御研究室　S.K.

<2016年度>

⑧S.T.（大阪府立大学大学院工学研究科　航空宇宙海洋系専攻　D2）
・外部共同研究者：JAXA 宇宙科学研究所　宇宙機応用工学研究系 S.S.准教授
・研究テーマ：「垂直降下フェーズにおける月探査衛星の水平位置制御に関する研究」

⑨M.N.（大阪府立大学大学院理学系研究科　生物科学専攻　D2）
　I.A.（大阪府立大学大学院生命環境科学研究科　応用生命科学専攻　D1）
・研究テーマ：「酵素タンパク質を土台とした人工酵素の設計」

⑩F.Y.（大阪府立大学大学院工学研究科　電子・数物系専攻　D1）
　M.G.（大阪府立大学大学院工学研究科　物質・化学系専攻　D1）
　M.M.（大阪府立大学大学院工学研究科　物質・化学系専攻　D1）
・研究テーマ：「光発熱及び熱電変換を技術ベースとした新規システムの提案」

⑪N.S.（大阪府立大学大学院工学研究科　機械系専攻　M2）
　H.M.（大阪府立大学大学院工学研究科　電子・数物系専攻　D1）
　O.Y.（大阪市立大学大学院工学研究科　電気・情報系専攻　M2）
・外部共同研究者：株式会社オムロンベンチャーズ　オムロンコトチャレンジスタッフ
・研究テーマ：「簡易型野菜鮮度測定モジュールの開発」

巻末付録

⑫I.M.（大阪府立大学大学院工学研究科　航空宇宙海洋系専攻　D1）、
　H.T.（大阪府立大学大学院工学研究科　電気・情報系専攻　D1）
　・研究テーマ：「信頼性に基づく最適設計と進化型計算を組み合わせた手法の構築と実用に関す
　　　　　　　　る研究」

⑬D.A.（大阪府立大学大学院工学研究科　物質・化学系専攻　M2）
　N.S.（大阪府立大学大学院工学研究科　機械系専攻　M2）
　・研究テーマ：「採算性の高い循環型植物工場の設計」

⑭S.A.（大阪府立大学大学院工学研究科　物質・化学系専攻　D1）
　M.M.（大阪府立大学大学院工学研究科　物質・化学系専攻　D1）
　・研究テーマ：「機能性酸化グラフェン含有ナノキャリアの作製と医療分野への展開」

⑮K.Y.（大阪府立大学大学院理学系研究科　生物科学専攻　D1）
　外部共同研究者：東京都健康長寿医療センター研究所　老化脳神経科学研究チーム
　　　　　　　　　　Y.S.先生，E.S.先生
　・研究テーマ「行動解析試験による環状ヌクレオチド誘導体と記憶に関する研究」

⑯H.H.（大阪市立大学大学院工学研究科　機械物理系専攻　M2）
　外部共同研究者：千歳科学技術大学理工学部　応用化学生物学科　H.Y.講師（予定）
　・研究テーマ：「生物の表面構造に学ぶ電気めっき法を用いた機能表面の発現」

<2017年度>

⑰S.K.（大阪府立大学大学院生命環境科学研究科　応用生命科学専攻　M2）
　Y.G.（大阪府立大学大学院生命環境科学研究科　応用生命科学専攻　D1）
　F.M（大阪府立大学大学院生命環境科学研究科　応用生命科学専攻　M2）
　・外部共同研究者：H.S.（大阪府立大学大学院生命環境科学研究科　生命環境科学研究科　応用
　　　　　　　　　　　生命科学専攻　M1）
　・研究テーマ：「廃棄農作物の循環システムにおけるミミズ最適生育条件の検討とミミズ堆肥の
　　　　　　　　有用性の解析」

⑱K.A.（大阪府立大学大学院工学研究科　物質化学系専攻　D2）
　O.Y.（大阪市立大学大学院工学研究科　電気・情報系専攻　D1）
　G.Y.（大阪府立大学大学院工学研究科　電子・数物系専攻　D1）
　・研究テーマ：「光・電子線照射による原子捕捉・冷却技術の確立と大電流コヒーレントイオン
　　　　　　　　線源への応用」

⑲F.M.（大阪府立大学大学院生命環境科学研究科　応用生命科学専攻　M２）
　・外部共同研究者：U.Y.（大阪府立大学大学院工学研究科　知能情報工学分野　助教）
　・外部研究協力者：M.A.（大阪府立大学大学院生命環境科学研究科　植物バイオサイエンス分野
　　　　　　　　　　助教）
　・研究テーマ：「三次元画像分析手法を用いた作物根系の立体構造の時系列的な解析」

⑳F.N.（大阪府立大学大学院工学研究科　電子・数物系専攻　D２）
　K.A.（大阪府立大学大学院工学研究科　物質・化学系専攻　D２）
　H.Y.（大阪市立大学大学院工学研究科　機械物理系専攻　D１）
　・研究テーマ：「超高分解能SQUID顕微鏡の開発」

㉑P.K.O.（大阪府立大学大学院工学研究科　物質・化学系専攻　D１）
　N.K.（大阪府立大学大学院工学研究科　物質・化学系専攻　D３）
　D.A.（大阪府立大学大学院工学研究科　物質・化学系専攻　D１）
　・研究テーマ：「Reaction chamber and NO collector」

㉒I.M.（大阪府立大学大学院工学研究科　航空宇宙海洋系専攻　D２）
　H.T.（大阪府立大学大学院工学研究科　電気・情報系専攻　D２）
　・研究テーマ：「信頼性に基づく最適設計と進化型計算を組み合わせた手法の構築と実用に関す
　　　　　　　る研究」

㉓H.Y.（大阪市立大学大学院工学研究科　機械物理系専攻　M２）
　・外部共同研究者：H.Y.（千歳科学技術大学　理工学部　応用化学生物学科　専任講師）
　・外部研究協力者：S.M.（千歳科学技術大学　理工学部　応用化学生物学科　教授）
　・研究テーマ：「電気めっき形態に起因した構造色による表面損傷の検知」

㉔K.Y.（大阪府立大学大学院理学系研究科　生物科学専攻　D２）
　　外部共同研究者：Y.S.（東京都健康長寿医療センター研究所　老化脳神経科学研究チーム）
　・外部研究協力者：K.M.（大阪府立大学　生命環境科学研究科　獣医学専攻　准教授）
　　　　　　　　　　E.S.（東京都健康長寿医療センター研究所　老化脳神経科学研究チーム）
　・研究テーマ：「行動解析試験による環状ヌクレオチド誘導体と記憶に関する研究」

㉕D.A.（大阪府立大学大学院工学研究科　物質・化学系専攻　Ｄ１）
　N.S.（大阪府立大学大学院工学研究科　機械系専攻　Ｄ１）
　F.M.（大阪府立大学大学院生命環境科学研究科　応用生命科学専攻　Ｍ２）
　・研究テーマ：「高循環性の植物工場の設計」

㉖F.Y.（大阪府立大学大学院工学研究科　電子・数物系専攻　Ｄ２）
　M.G.（大阪府立大学大学院工学研究科　物質・化学系専攻　Ｄ２）
　M.M.（大阪府立大学大学院工学研究科　物質・化学系専攻　Ｄ２）
　・研究テーマ：「光駆動可能な熱電発電素子の開発とその応用」

㉗S.A.（大阪府立大学大学院工学研究科　物質・化学系専攻　Ｄ２）
　M.M.（大阪府立大学大学院工学研究科　物質・化学系専攻　Ｄ２）
　・研究テーマ：「機能性酸化グラフェン含有ナノキャリアの開発とがん免疫療法への応用」

巻末付録15　SiMS自主共同研究テーマ成果例（学会発表内容）

Design and fabrication of TiO$_2$ based optical antenna for broadband photodetector

阪府大院工[1]　藤井 洋輔[1]，前野 権一[1]，宮崎 麻衣子[1]，安藝 翔馬[1]，遠藤 達郎[1]

Osaka Prefecture Univ.[1], Yosuke Fujii[1], Kenichi Maeno[1], Maiko Miyazaki[1],
Syoma Aki[1], Tatsuro Endo[1]　E-mail: su104020@edu.osakafu-u.ac.jp

1. 概要

本研究では可視光から遠赤外までの広い波長域で使用可能な小型光センサを提案する。光検出器はカメラや光通信、物質の成分分析等多様な場で利用されている。一般的な光検出器は波長フィルターや回折格子などの光学素子を利用することで特定波長の光検出を可能とするが、そこには以下のような問題がある。1) 各波長における光電変換効率は材料に依存するため、使用可能波長域が材料により制限される。2) 分光素子が受光素子に比べて大きく、小型化の障害となる。そこで我々は A: 特定波長で高い集光能を有する微細加工層、B: ナノ粒子による広帯域光吸収層、C: 熱電変換層を組み合わせた、広帯域に対応可能かつ小型な光検出器の実現に取り組んでいる。本発表では特に、可視光の単一波長を集光可能な微細構造を設計・作製したので報告する。

2. 実験

微細構造部の基材として可視域で透明かつ高屈折率材料であるTiO$_2$を用いることを想定し、格子定数 460 nm、直径 230 nm の TiO$_2$製三角格子ピラーアレイ構造に白色光を照射した際の集光挙動を光学シミュレーション(FDTD 法)により解析した。次に微細加工技術を用いて上記構造を作製し、白色光を照射した際の反射光スペクトル解析から微細構造による集光挙動を確認した。

3. 結果と考察

白色光照射に伴う構造内部の電界強度スペクトル、及びその電界分布の光学シミュレーション解析結果を Fig. 1 に示す。この結果から、本微細構造により単一波長光(600 nm 程度)をナノピラー底部へ強く集光可能であることが明らかとなった。また実サンプルにおける反射スペクトル(Fig. 1 左図赤色実線)から波長 640 nm の集光が示唆された。この結果から、構造作製精度による光学シミュレーションとの中心波長差異は見られたが、単一波長の集光を可能とする微細構造の作製に成功したと結論付けた。

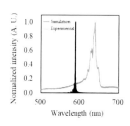 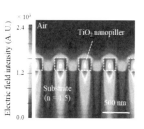

巻末付録

巻末付録16 「SiMS×Cadet合同シンポジウム」スケジュール

1日目		
時間	内容	担当者もしくは備考
8:45〜9:30	受付	
9:30〜10:00	開会のあいさつおよび両プログラムの紹介	SiMS保科、Cadet高椋
10:00〜10:40	招待講演① 竹田正俊さま	株式会社クロスエフェクト代表取締役
10:40〜11:20	招待講演② 星 エリさま	STC.UNMニューメキシコ大学（州立）技術移転＆経済開発事務所大学ベンチャー兼国際事業マネージャー
11:20〜12:00	招待講演③ 原 雅弘さま	国立研究開発法人理化学研究所 仁科加速器研究センター 実験装置開発研究室研究嘱託
12:00〜14:00	昼食	各自準備
14:00〜18:00	Oral session※1	Cadet
18:15〜20:15	懇親会※2	I-site内で実施
2日目		
時間	内容	担当者もしくは備考
9:00〜10:30	受付およびポスターの設置	
10:30〜11:00	2日目の説明 Group Work Poster Session※3 について	SiMS太田
11:00〜12:00 / 12:00〜13:00	Group Work Poster Session① Group Work Poster Session②	SiMS太田
13:00〜14:30	昼食	各自準備
14:30〜15:30 / 15:30〜16:30	Group Work Poster Session③ Group Work Poster Session④	SiMS太田
16:30〜17:00	閉会のあいさつ	SiMS保科、Cadet高椋

205

巻末付録17　学位記

第FD-D01号

学 位 記

府大 花子
昭和63年4月1日生

本学大学院工学研究科機械系専攻の博士課程を修了したので博士(工学)の学位を授与する

学位論文名
Effects of double mutation of the waxy and amylose-extender genes on gene expression profiles and metabolites in rice
（イネにおけるwaxyとamylose-extender二重変異の遺伝子発現と代謝産物への影響）

博士課程教育リーディングプログラム
「システム発想型物質科学リーダー養成学位プログラム」修了

平成24年3月31日

大阪府立大学

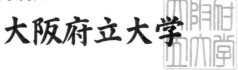

巻末付録

第　号

学位記

市大　太郎
年　月　日生

本学大学院工学研究科
電子情報系専攻の博士課程
を修了したので博士(工学)
の学位を授与する

学位論文名
感性情報としての色彩のグラデーションに着目した
色彩表現と色変換に関する研究

博士課程教育リーディングプログラム
「システム発想型物質科学
リーダー養成学位プログラム」修了

平成　年　月　日

大阪市立大学長　医学博士　荒川哲男

207

巻末付録18　News Letter　創刊号〜Vol.7

巻末付録

大阪府立大学　大阪市立大学
リーダー養成学位プログラムSTART！

目指せ！産業を牽引する
グローバル研究リーダー

Innovation

産業界では今，イノベーションを起こし，
グローバルリーダーシップを発揮する
博士研究者が強く求められています．
大阪府立大学・大阪市立大学は，このような人材育成を
大学院5年一貫プログラムで特段に強化する．

このプログラムの特色を表
す最も大事なキーワードです．
世界の多くの人に受け入れられる全く新しい価値
を創り出し、産業を変革する、そのためには、
が重要になります。

目分の研究で世界を変えたい！
そんな夢を持つ人は是非チャレンジしてください

5年一貫のプログラムで 産業界と力を合わせ 皆さんをグローバルに活躍できる
博士研究者へと導きます 志のある皆さんの応募をお待ちしています

辻　洋

からです。本
プログラムは物質研究のカテゴ
リーで採択されました。同じカテ
ゴリーでは他に、北大、東北大、
東大、阪大、九大のみが採択され
ています。

209

巻末付録

システム発想型とは?

大阪府立大学と大阪市立大学共同で、産業界で活躍する博士グローバル研究リーダーを養成するプログラム、SiMSが始まりました。システムの発想から物質を科学する、また、物質科学の素養を持ってシステムをデザインする。そんなことの出来る博士を養成するプログラムですが、このような博士の育成は大学だけでは難しいので、企業でデバイス・システム開発に従事し、また企業のグローバル化を牽引された藤田さんをプログラム教員としてお迎えしました。

大学としては大変思い切った育成プログラムで、お手伝いさせて頂くことを楽しみにしています。

藤田さんのご経験から、今、企業が求めるシステム発想型研究者ってどのようなものかと思われますか?

企業を取り巻く状況はここ最近ずいぶんと変わってきました。民生商品も、優れた機能

や高い省エネ性能達成のために、デバイスや材料にまで遡った開発で競争力を高めることが急務になっています。例えば私は表示デバイスをやっていましたが、材料やデバイスの研究者と、商品を開発するシステム技術者が、商品の発想段階から目標を共有してきました。こうして、それぞれ独立に進めるよりも高いレベルの開発を進め、熾烈な競争に勝ち抜く、ということが企業の現場では実際起こっています。これがシステム発想の素養を持つ研究者や開発者

が強く望まれている理由です。

なるほど。このプログラムで育てようとしているのはまさにそのような発想ですね。府立大、市立大はもともと産業志向の強い博士研究者が多く育っていますが、SiMSではさらに、これまでの大学になかった新しい試みで産業牽引型の博士を育てようとしています。例えば、学生は未来社会のイメージと自分の役割を思い描き、これを実現するための

コースワークを自分で組み立てます。この際、研究の指導教員だけでなく、藤田さんのような企業幹部経験者が一緒に指導する、いわゆる複数指導教員制にします。この部分で藤田さんには大いにご活躍願いたいと思っています。

そうですね。これまでの大学にはない大胆な試みで、私自身も大変責任を感じています。また同時に、意欲ある学生の皆さんと一緒にやっていくことが大きな楽しみでもあります。

どのように育成されるのか?

このプログラムにとって一番の課題は、実際に、どのようにしてシステム発想を身につけてもらうかです。このために特に重視しているのは、学生が色々なリーダーと交流することを通して、リーダーが持つシステム発想的な思考法を身に付けていくとい

今、産業界が求める人材

プログラムコーディネーター
たつみ きこ まさひろ

大阪府立大学
大学院工学研究科 教授

SiMSプログラムの研究代表 物質科学が代表的研究者の一人であり、全固体二次電池開発の世界的フロントランナー。研究室の多くの卒業生が博士研究者として世界中で活躍中。

藤田 正明
SiMS TEC教員
ふじた まさあき

大阪府立大学
21世紀科学研究機構　特認教授

元パナソニック(株)常務役員。パナソニックのテレビ表示システムの開発、プラズマテレビ躍進の立役者。役員就任後は企業のグローバル戦略の中心を担う。大阪府立大学工学研究科OB。

本欄では物質研究者で、SiMSのプログラムコーディネーターである辰巳砂昌弘教授と、
企業でのシステム開発や、企業のグローバル化を牽引された元パナソニック常務の藤田正明特任教授に対談をお願いし、
このプログラムが狙いとする「システム発想型」研究者の養成とは何かに迫っていただきました。

う点です。藤田さんがご担当の「アイディエーション科目」、これが狙いだと思いますが

そうです。「アイディエーション科目」は、我々企業出身の教師が中心に、少人数で行うことが特徴の演習科目です。複雑な物事の全体を見渡すシステム的な思考力と、新しい発想を創造するデザイン思考力を育てることを狙いとしています。システム発想型の課題設定や、マネジメント能力なども身につけてもらいます。

それと、基礎科目の部分でも、物質系の教育を受けてきた学生がシステム系の講義を受け、逆にシステム系の教育を受けてきた学生が物質系の講義を受けるカリキュラムや、自分の専門とは違う研究室へのローテーション、企業へのインターンシップも計画されていますので、異分野への視野も広がると思います。

そういえば、このプログラムでは物質系と、システム系の両方の学生がいますよね。

そうです。そうすることで互いの視点を共有できるメリットがあります。

私も両方の分野の学生がおられるのは大変良いやり方だと思います。本席に企業では、同じ専門の人ばかりまわりを固めていることはむしろまれで、優れた

材料や技術をつくる研究者、それらを最適に組み合わせて価値を高めるシステム研究者、そしてそれを商品の形にするものつくり、品質、調達、販売と多くの専門家がチェインのように、繋がって事業の流れを形成しています。このチェインを太く高く繋げていくためには、お互いの連携が欠かせません。

その意味でも、物質系、システム系問わず、将来、研究の仕事を通して産業界を引っ張っていきたいという学生の皆さんには、積極的に飛び込んできていただきたいですね。最後に、藤田さんから学生の皆さんへのエールがあれば、お願いします。

大学の中だけでは見えてこない世界をSiMSのプログラムを通して体験してもらいたいと思っています。世界は、今学生の皆さんが想像しているよりずっと広く、チャレンジ出来るチャンスは多いですよ。

今日はお忙しいところ、有り難うございました。

🚀 kick off

2014年1月24日、
SiMSキックオフシンポジウムを行いました。
500人以上の学生が大集合！

産業界、海外連携大学、メディアからの期待の声、また産業界で活躍するOB博士の熱いエールに熱心に耳を傾けました。シンポジウム後の懇親会は学生の皆さんの質問大会や決意表明で大いに盛り上がりました。

巻末付録

藤村先生に聞いてみよう!
SiMSが考える育成ロードマップとは？

在学生インタビュー

SiMSのカリキュラムは、高度な研究能力を持つ博士を
さらに早期的でグローバル研究リーダーになれる人材
へと育成することが目的です。
このような人材を一体どのようにして育てるのでしょう
か。SiMSカリキュラム設計のキーマンである大阪府立
大学工学研究科の藤村紀文教授に在学生が疑問をぶつ
けてみました。

自分の専門だけてない
広い視野をもつ
研究者になるために
何をするのですか？

3年次生 大幡 涼平
工学域 物質化学系学類 応用化学課程

皆さんが大学院へ進むと、自分の専門に関係した授業を
受け、また研究室で研究を始めます。SiMSへかけては
それにしても、例えば、物質材料の専門の学生はシステムや
数学を受け、情報や環境などシステム系の人は物性材
の授業を受けます。また専門のほうが少ないときにはこれに
体験を設けます。

科学と社会・環境問題との関係や、色々な要素が絡み合っ
た複雑な問題の全体を理解するための演習を企業出身教員
の指導で行います。これからは、このようなカリキュラムを経
験した視野の広い博士が増えていくと思いますよ。

Ideation Workshop!
in Brown Univ.

Road Map

SiMSプログラム副コーディネーター
大阪府立大学大学院工学研究科
藤村 紀文 教授

Profile
強誘電体など新奇な物質群を駆
使したデバイス研究の第一人者。自ら
多くの産業牽引型博士を育ててきた。

213

Question

企業で活躍する博士を、どんなカリキュラムで育てるのですか？

3年次生 片岡 夏美
工学域 機械系学類 機械工学課程

Question

どんなカリキュラムで国際的に活躍する研究リーダーが育つのでしょうか？

2年次生 中田 美里
工学域 電気電子系学類

Answer

例えば、欧米では企業研究者のほとんどが博士です。最近日本でも、国際競争を勝ち抜くため博士研究者の比率を増やすべきとの考えに立ち、多くの企業で優秀な博士が求められています。

（中略）これからは企業で活躍しようという意欲を持った博士がどんどん増えていくでしょう。

Answer

まず、英語で議論や発表ができるためのトレーニングが充分に提供されますが、これだけでは不十分で、さらに、このカリキュラムではリーダー育成のシステム教育をしている外国人スター教員から色々なことを学びます。

また、実際に海外で研究をしているグローバル科目や、様々なビジネス企画を作り上げたり、それを外国の大学で発表している海外科目もあります。

SiMSでは自分の専門だけでない、広い視野を持って海外の色々なリーダーと創造的な議論が出来る能力を身に付けるための、様々なカリキュラムを準備しています。

産業　イノベーション

新しい発見
デザイン思考

俯瞰的に見る　具現化する
システム思考　マネジメント力

Topics! いよいよ第1期生始動。4月には選抜試験に合格した21名の第1期生が活動を開始しました。彼らの活躍に注目です。

巻末付録

SiMSでは

大阪府立大学・大阪市立大学、その他連携機関の80人を超える担当教員が皆さんと一緒に夢を追いかけます。今後、本ニュースレターで紹介していく予定です。今回はメンターとプログラム副コーディネーター、ブラウン大学のKingon先生です

ブラウン大学教授（客員）
プログラムアドバイザー
Professor
アンガイ キンゴン
Angus I. Kingon
Message

Through this program you will develop important new skills in linking your materials science knowledge to the complex systems that are required in industry and society.

In this program we will:
- explore how systems requirements inform our materials science, and how breakthroughs in materials science lead to new and improved commercial systems
- explore how to create new value from our materials science

藤田　正明　特認教授
元パナソニック（株）常務役員
SiMSプログラムメンター

SiMSは企業から見ても大変魅力あるプログラムです。異分野の学問との融合やグローバルリーダーを意識したカリキュラムは、どれを取ってもこれからの社会で期待されているものばかりです。企業出身の私たちメンターと一緒になって、5年一貫でみなさんのキャリアデザインを創ろうではありませんか！

酒井　俊彦　特認教授
元住金テクノロジー（株）社長
SiMSプログラムメンター

大学院に在籍する期間は、社会人以降の年数に比べれば僅かですが、自分の意思で学べる時間はいっぱいあります。私が社会人として色々な局面で経験してきたこと、反省したことなどをベースに、SiMSプログラムの参加院生にできる限りの情報と考え方を伝えます。積極的に質問もし、学んでください。

中山　正昭　教授
大阪市立大学　大学院工学研究科
SiMSプログラム副コーディネーター

「あくなき可能性の追求が未来を切り拓く」学生諸君には、失敗を恐れず自己の可能性をとことん追求できる特権があります。SiMSは産業を牽引するグローバルリーダーに育ちうる魅力的な場を提供します。勇気を持って、そして、渾身の力を込めて、未来を切り拓く自己の可能性を追求してください。

松井　利之　教授
大阪府立大学　21世紀科学研究機構
SiMSプログラム副コーディネーター

SiMSでは海外11大学等を含む24の国内外の企業、研究所、大学等と密接に連携し、みなさんを真のグローバル人材へと育む教育プログラムを準備しています。リベラルアーツを身につけ、異分野・異文化の価値観を理解し、高度な専門知識を持つ、そのような人材へと成長し世界で活躍してください。

藤村　紀文　教授
大阪府立大学　大学院工学研究科
SiMSプログラム副コーディネーター

SiMSの特徴は斬新なカリキュラムです。複雑なものごとの全体を見る「システム思考」と、新しい発想を生む「デザイン思考」を育てるアイディエーション科目は、企業経験者や海外連携大学の知恵を結集してできたものです。イノベーションを創出する為の思考法を習得し、産業界ではばたいてください。

石原　一　教授
大阪府立大学　大学院工学研究科
SiMSプログラム副コーディネーター

未来の自分は、今想像できないような違う自分になっている。そんなことがSiMSなら可能になります。研究は想像するよりずっと楽しい。世界は見えているよりもっと広い。そして自分の可能性は思っているより遥かに大きいこと。それを知るのが人生の醍醐味です。さあ、SiMSで実現して下さい。

連絡先　大阪府立大学　教育推進課リーディングプログラム支援室　SiMS事務局

大阪府立大学
〒599-8531　大阪府堺市中区学園町1-1
A1棟3階 1334W号
TEL 072-252-1161 代表
　内線3075伝達担当者 事山
TEL 072-254-7852 ダイヤルイン
FAX 072-254-8293
E-mail SiMS-office@ml.osakafu-u.ac.jp

大阪市立大学
〒558-8585　大阪市住吉区杉本3-3-138
大阪市立大学工学部
明日香
TEL 06-6605-3087

SiMS支援室メンバー

府立大学A1棟3階の1334号の部屋をご気軽にのぞいたり、
また他方の方はSiMS-office@ml.osakafu-u.ac.jpへメールをください。
色々な用点にのります。授業のや本務相談から世間話まで、何でも聞きますよ。

215

システム発想型物質科学リーダー養成学位プログラム

SiMS News Letter 2014 vol.2

System-inspired Leaders in Material Science

大阪市立大学 × 大阪府立大学

SiMS 第1期生が誕生!

特別座談会 大阪市立大学
学長×SiMS履修生
「未来に貢献できる、優れた人材を目指して。」

2014年度 SiMSカリキュラム始動!

巻末付録

特別座談会 大阪市立大学
学長 × SiMS履修生

未来に貢献できる、優れた人材を目指して。

SiMSプログラムがこの4月にスタートしました。
1期生である渡辺さん、辻岡さん両名と、大阪市立大学の西澤学長、
またプログラム担当教員を代表して小島教授、
事務を代表して清水氏に座談会をお願いし、
大阪市立大学および大阪府立大学の学生に向けて、
このプログラムの魅力などについて語っていただきました。

清水 浩司
大阪市立大学
大学運営本部研究支援課
課長代理

西澤学長、大学として このSiMSに期待するものは 何でしょうか？

学長 時代は今、これまでに人類が経験してこなかった様々な難題とそれによる未来の不確実性を前にし、社会の持続的発展を支えるための「知の拠点」としての役割が大学に強く求められており、本学もそれに積極的に対応していくべく改革を進めています。このプログラムには、従来型の大学院教育では為し得ない新たな高度人材育成のフェイスの開拓と大学院改革への波及効果を期待しています。

SiMSプログラムの魅力は 何でしょうか？

小島 「ものつくり大国」日本の復活のためにも、グローバルリーダーシップを発揮できる博士研究人材の育成が求められています。SiMSプログラムは、未来の産業界リーダーの育成に特化しており、これが本プログラムの最大の魅力・強みであり、他大学のプログラムとの大きな違いでもあります。多くのプログラム担当教員とTEC教員と呼ばれる企業出身の教員の方々が連携し、専門分野に特化したこれまでの博士教育とは全く異なる教育を実施します。4月に21名の1期生を迎え入れましたが、履修生の専門分野は多岐にわたっており、異分野の仲間たちと切磋琢磨できることも、このプログラムの大きな魅力です。

SiMSを志望された動機は 何ですか？

いろんなことに挑戦したい、それがSiMSを志望した大きな理由でした。SiMSでは、従来の博士課程や企業では学べないこと、例えば、ビジネスについての講義、自分のやっている研究分野とは違う分野に触れる機会が非常に多くあります。産業界のリーダーとなり世界を牽引する上で、これらの経験はなくてはならないものだと感じ、SiMSプログラムへの挑戦を決めました。

最近テレビなどのマスメディアで、激化する国際競争の中で日本の技術産業における優位性が失われていることが問題視されています。この問題を解決するためには、日本の大学のトップレベルの研究から産み出される技術を、いかに産業に活用できるかが鍵となります。私がSiMSへの参加を志望した動機は、SiMSで培える「システム的発想」アプローチを技術と産業に繋げることのできる研究リーダーになるために必要な能力であると考え、SiMSを通して卒業界で活躍できる研究リーダーになりたいと思ったからです。

SiMSの実際の様子は いかがですか？

現在SiMSで受けている科目の中で、最も特徴的かつ重要なものはアイディエーション科目の一つである「戦略的システム思考力演習」です。この科目では、専門分野の異なる学生同士でチームを組み、ターゲットシステム（装置やサービス）を解析し、そのシステムを発展的に改善・改良したと

217

辻岡 創
大阪市立大学
工学研究科化学生物系専攻M1
(SiMS履修生)

渡辺 太一
大阪市立大学
工学研究科電子情報系専攻M2
(SiMS履修生)

西澤 良記
大阪市立大学　学長

小畠 誠也
大阪市立大学
工学研究科化学生物系専攻
教授

きのイノベーションの可能性を探索します。このような演習を通して、アイディアを組み立てる思考方法を身につけることが目的です。ターゲットシステムの解析では、事前にターゲットシステムに関して得意とする分野に分担して調査し、当日に調査してきた内容を含めて議論を行います。異分野のメンバーとの議論では、自分にはない発想や着眼点が他のメンバーから出てくることも多く、非常に刺激的な時間を過ごすことができます。周りのメンバーも真剣に調査してきてくれるので自分も負けていられません。周りが真剣だから、自分も真剣になれる、これはこの演習科目に限らずSiMSの科目全てに共通していることだと思います。

**清水さん、事務の立場からの
ご意見をお願いします**

学長、副学長はじめ大学執行部と担当教員のみなさんのプログラムに懸ける思い、熱意はひしひしと伝わってきます。専門分野の枠を超えて博士課程前期・後期一貫した質の保証された学位プログラムを構築・展開する大学院教育の抜本的改革を担う重要なプログラムであり、私たちも積極的にサポートするつもりです。

**渡辺さん、これからの抱負を
お願いします**

SiMS第1期生として活躍できるよう、様々なことに挑戦し続けたいと思います。この秋には、SiMSプログラムの特徴でもあるSiMS特別研究に参加します。これは所属する研究室とは異なる分野・専門の研究室で研究活動を行うことで異分野融合を目指すためのものです。今から非常に楽しみにしています。これを良い契機にして、SiMSでしか挑戦できない異分野融合や技術横断のことにも広く挑戦するつもりです。

**辻岡さん、後輩たちへの
メッセージをお願いします**

現時点でSiMSに興味のある人もない人も、一度自分の将来について真剣に考えた上で、SiMSのカリキュラムに目を通してほしいと思います。SiMSのカリキュラムは、本当に魅力的で、眺めているだけで自分の可能性に挑戦したいという思いが湧き上がってきます。将来、研究という仕事を通して産業界で活躍したいという人は、SiMSというこのチャンスに是非ともチャレンジしてみてほしいと思います。来年、新しいSiMSの仲間ができることを楽しみにしています。

**最後に西澤学長、
これからSiMSを目指す学生への
メッセージをお願いします**

大阪府立大学と大阪市立大学の学生は、既に将来のリーダーとしての資質を有する貴重な人材です。それにふさわしい「自覚」をもって、勉学に励んでください。このSiMSプログラムはみなさんが自己研鑽できる場であります。高い志を持った学生諸君が、SiMSプログラムに積極的に参加し、仲間との切磋琢磨を通し、未来に貢献できる優れた人材として成長することを期待しています。「夢は見るものではない、夢は追うものである。」という言葉があります。みなさん、夢を追ってください。

SiMSプログラム、ニュースレター第1号の詳細はHPへ
http://sims-program.osakafu-u.ac.jp

巻末付録

産業界を担う未来のリーダー!!
グローバル研究リーダーを目指す第1期生たち

ニュースレターでは、3回にわたって第1期履修生達を紹介します。
第1弾として、今回は8名の履修生をご紹介します。

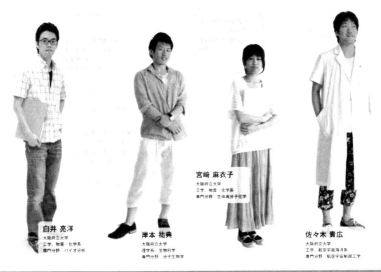

宮﨑 麻衣子
大阪府立大学
工学、物質・化学系
専門分野 生体高分子化学

白井 亮洋
大阪府立大学
工学、物質・化学系
専門分野 バイオ分析

岸本 祐典
大阪府立大学
理学系、生物科学
専門分野 分子生物学

佐々木 貴広
大阪府立大学
工学、航空宇宙海洋系
専門分野 航空宇宙制御工学

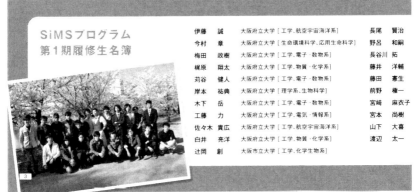

SiMSプログラム 第1期履修生名簿

伊藤	誠	大阪府立大学 [工学、航空宇宙海洋系]
今村	章	大阪府立大学 [生命環境科学、応用生命科学]
梅田	政樹	大阪府立大学 [工学、電子・数物系]
梶原	翔太	大阪府立大学 [工学、物質・化学系]
苅谷	健人	大阪府立大学 [工学、電子・数物系]
岸本	祐典	大阪府立大学 [理学系、生物科学]
木下	岳	大阪府立大学 [工学、電子・数物系]
工藤	力	大阪府立大学 [工学、電気・情報系]
佐々木	貴広	大阪府立大学 [工学、航空宇宙海洋系]
白井	亮洋	大阪府立大学 [工学、物質・化学系]
辻岡	創	大阪市立大学 [工学、化学生物系]
長尾	賢治	
野呂	和嗣	
長谷川	拓	
藤井	洋輔	
藤田	憲生	
前野	権一	
宮﨑	麻衣子	
宮本	尚樹	
山下	大喜	
渡辺	太一	

219

工藤 力
大阪府立大学
工学、電気・情報系
専門分野：知能情報工学

梅田 政樹
大阪府立大学
工学、電子・数物系
専門分野：物性物理、超伝導理論

山下 大喜
大阪府立大学
工学、電子・数物系
専門分野：光物性物理、レーザー

藤井 洋輔
大阪府立大学
工学、電子・数物系
専門分野：固体物理

大阪府立大学 ［工学、物質・化学系］
大阪府立大学 ［工学、物質・化学系］
大阪府立大学 ［工学、電気・情報系］
大阪府立大学 ［工学、電子・数物系］
大阪府立大学 ［工学、電子・数物系］
大阪府立大学 ［工学、物質・化学系］
大阪府立大学 ［理学系、生物科学］
大阪府立大学 ［工学、電子・数物系］
大阪市立大学 ［工学、電子情報系］

EVENT

2014年4月1日
第1期生オリエンテーションを開催

オリエンテーションでは、プログラム責任者・辻副学長より合格した21名が呼ばれ、1人1人が決意表明を力強く述べました。その後、カリキュラムの一つ、「戦略的システム思考力演習」のプレ演習としてグループ単位で難問に挑むというイベントが行われました。情報交換会では、企業からの参加者やメンター、異分野融合研究会からの激励の言葉とともに、履修生たちは、自身の意気込みを熱く語りました。

巻末付録

アイディエーション科目

戦略的システム思考力演習

ものごとは多くの要素が複雑に関係し合って、機能や役割が現れたり、外部に影響を与えたりします。この関係性や役割を正しく解析することで、複雑なものごとの全体を見て問題を解決に導き、新しい価値をデザインする力がこれからの研究リーダーには必要です。この演習では少人数のグループにひとりの企業リーダー経験者がついて、このような方法論を身につけます。

2014年度
SiMSカリキュラム始動!

新学期を迎え、いよいよSiMSのカリキュラムがスタートしました。SiMSに採択された学生の皆さんは、物質科学か、システム科学の分野で学ぶ人たちです。すなわち「ものづくり」や「ことづくり」がそれぞれ皆さんの専門です。SiMSの大きな特徴は、「ものづくり」の学生に「ことづくり」の、「ことづくり」の学生に「ものづくり」のこころを学んでもらい、互いに交流する中で、専門を超えた視野をもった研究リーダーに育ってもらうための数々の仕掛けです。
SiMSでは、物質科学の学生も「システム」の基礎を学び、システム科学の学生も「物質」の基礎を学びます(インターディシプリナリー科目)。

さらに多様な場で、多様な人たちと考えながら研究を推進するために、専門の指導教員だけでなく、企業リーダーとして活躍したメンターが一人ひとりの個性生を指導します。
環境やサスティナビリティなどに対する課題意識を目覚めさせるリテラシー科目も準備され、さらにアイディエーション科目では、複雑なものごとを俯瞰的に見る「システム思考」、新しい発想を創造する「デザイン思考」、それらを具現化する「マネジメント力」を、合宿型演習を通して育てていきます。

研究室ローテーション

SiMS特別研究

これからの研究者は、自分が学ぶ分野だけでなく、異分野に積極的に目を向け、異分野融合的に全く新しい価値を創造できる力を身につける必要があります。SiMSではこのような意識を高めるため、3ヶ月間自分の専門と異なる研究室で指導を受ける、研究室ローテーションの科目があります。

物質系	研究室ローテーション 専門分野以外の必要
	システム系科目
システム系	物質系科目

グローバル科目

グローバルコミュニケーション演習

e-Learningシステムによる基礎外国語

e-Learningシステムによって外国語(英語に限りません)の基礎を学び、さらに外部講師による話せる脳のトレーニング(「話す」)という行動を効果的に導く演習)に参加します。将来、グローバル環境の中で、自由に思いを発信し、高い価値を共有できる研究者になることが目標です。

[インターディシプリナリー科目]

システム系基礎科目(物質系向け)　　**物質系基礎科目**(システム系向け)

物質科学を専門とする学生が「システム発想」を身につける基礎としてシステム系科目が提供され、またシステム系の学生には、物質科学の基礎を身につけるため物質系基礎科目が提供されます。このような素養を身につけた研究者がお互いに協力すれば、大きなイノベーションに結びつくかも知れません。

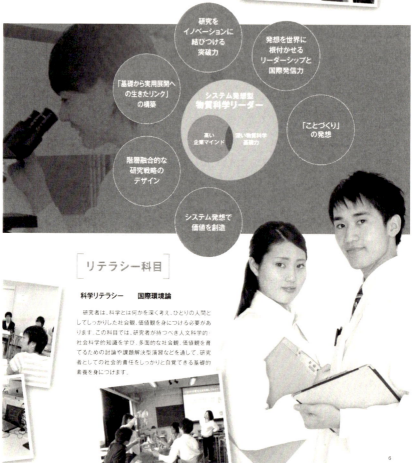

[リテラシー科目]

科学リテラシー　　国際環境論

研究者は、科学とは何かを深く考え、ひとりの人間としてしっかりした社会観、価値観を身につける必要があります。この科目では、研究者が持つべき人文科学的・社会科学的知識を学び、多面的な社会観、価値観を育てるための討論や課題解決型演習などを通して、研究者としての社会的責任をしっかりと自覚できる基礎的素養を身につけます。

222

巻末付録

SiMS スタッフ紹介

前回に引き続きSiMSプログラムに関わるスタッフを紹介します。今回は大阪市立大学の2名の担当教員と、大阪府立大学の5名のメンターです。グローバルリーダーとして活躍するために何が必要か、一緒になって考えます。

阿多 信吾 教授
大阪市立大学 大学院工学研究科
電子情報系専攻

SiMSは単に博士の学位を取得するためではなく、修了後すぐに世界の第一線で活躍できるリーダーを育てるキャリア養成プログラムです。我々は皆さんの可能性を高めるためのあらゆるサポートを惜しみません。SiMSで異分野の学生と刺激し合いながら、思う存分自分の発想・能力を広げてください。

兼子 佳久 教授
大阪市立大学 大学院工学研究科
機械物理系専攻

未来の生活を一変させるような好機が訪れることは人生で数えるほどしかありません。また気づきにくいことですが、その頻度は齢を重ねるごとに減っていきます。SiMSプログラムは確実にこのような好機の一つです。学生の皆様はこのような機会を逃さないよう、躊躇することなく、是非SiMSに足を踏み入れてください。

升本 久幸
元ユニカミノルタ株式会社 取締役事業統括部長
リーディングプログラムを開学・プログラム運営統括

将来、グローバル社会（産業）を牽引できるリーダーを目指してください。高い志を持って、失敗を恐れずに、何事にもチャレンジを！この時期の失敗はきっと将来の糧になると思います。
本プログラムで豊かな発想力、深い思考力、幅広い教養を身につけて、日本の産業復活に貢献してください。

西井 隆儀
元コニカミノルタセンシング株式会社
企画管理部長
SiMSプログラムメンター

リーディングプログラムはグローバルリーダーシップを養う場。それを身に着ける機会を得るのはまたとないチャンスです。世界を俯瞰しやりたいことやすべきことを進めていく。そんなワクワクした環境で活躍できる人を育てています。みんなの夢を現実にできるよう、サポートしています。

岡崎 章三
元川崎重工業株式会社
技術研究所材料研究部長
SiMSプログラムメンター

企業等に行っても常に自分の専門を磨くことは大事です。博士はその道のエキスパートとして大いに期待されますので、その期待に応えるためには日々の努力が欠かせません。特に企業の製品開発では個人の専門だけで解決できるものは少なく、自分の専門以外の人脈等を造ることも重要です。

松田 公昭
元株式会社住化分析センター（上海）
董事長・総経理
SiMSプログラムメンター

発明は研究過程で見出された発見を「もの」づくりに真現化させ、工業に有用な商品化の実施、「ことづくり」により目的が達成されます。システム発想型研究者育成のSiMSは、「ことづくり」「ものづくり」融合型研究者養成コースです。皆さん、世界を圧倒するシステムづくりを通して世界に羽ばたこう！

永廣 建志
元関西アーバン銀行 専務取締役
SiMSプログラムメンター

人口減時代を迎え、我が国社会の未来をリードする技術者には、これまで以上にイノベーションの創出、知的創造力の発揮が求められています。産業を牽引するグローバルリーダーの育成を目指すSiMSプログラムに、誇りと気概を持って臨み、幅広い視野と斬新な発想力を備えた人材として大きく成長してください。

大阪府立大学
〒599-8531 大阪府堺市中区学園町1-1
A1棟2階 1206S室
TEL 072-252-1161 代表
内線3075広報担当：渡辺
TEL 072-254-7852 ダイヤルイン
FAX 072-254-8293
E-mail SiMS-office@ml.osakafu-u.ac.jp

大阪市立大学
〒558-8585 大阪市住吉区杉本3-3-138
大阪市立大学工学部
担当 金
TEL 06-6605-3087

連絡先　大阪府立大学 教育推進課リーディングプログラム支援室　SiMS事務局

詳しくはHPへ　http://sims-program.osakafu-u.ac.jp

223

システム発想型物質科学リーダー養成学位プログラム

SiMS News Letter 2014 vol.3
System-inspired Leaders in Material Science

大阪府立大学 × 大阪市立大学

SiMS 第1期生紹介 PART2!

巻頭コラム
松井 利之 教授 「セレンディピティーとキャリアパス」
酒井 俊彦 特認教授 「前期授業を終えて」

巻末付録

産業界を担う未来のリーダー!!
グローバル研究リーダーを目指す第1期生たち

SiMSニュースレターでは、3回にわたって第1期履修生達を紹介しています。第2弾として、今回は8名の履修生をご紹介します。

木下 岳
大阪府立大学大学院
工学研究科
電子・数物系専攻

前野 権一
大阪府立大学大学院
工学研究科
物質・化学系専攻

辻岡 創
大阪市立大学大学院
工学研究科
化学生物系専攻

長尾 賢治
大阪府立大学大学院
工学研究科
物質・化学系専攻

Pick Up!
2014年7月5日(土)
Southern教授によるグローバルコミュニケーション演習

「グローバルコミュニケーション演習」は、外国語(英語)による会話能力を鍛えるとともに、国際人としての優れた感覚を磨き、言語や文化が異なる社会においてもプロジェクトを成功に導くために必要な基礎的素養を身につけることを目標としています。

7月5日の土曜日、来日中の米国Seybrook大学のNancy Southern教授によるセミナー&グループワークが行われました。午前は、組織変革を起こすためのリーダーの素養、役割についてのセミナー、午後はグループに分かれ、与えられた課題に対してディスカッションを行い、結果をプレゼンテーションするという演習が行われました。

225

I have a dream.

伊藤 誠
大阪府立大学大学院
工学研究科
航空宇宙海洋系専攻

渡辺 太一
大阪市立大学大学院
工学研究科
電子情報系専攻

宮本 尚樹
大阪府立大学大学院
理学系研究科
生物科学専攻

長谷川 拓
大阪府立大学大学院
工学研究科
電気・情報系専攻

2014年7月15日(火)&16日(水)
アイディエーション・ワークショップ
（戦略的システム思考力演習合宿）

大阪府立大学・大阪市立大学の博士課程教育リーディングプログラムでは、狙いとする「ことづくり」の発想養成のため、複雑なものごとを俯瞰的に見る「システム思考」の演習科目を行っています。この「戦略的システム思考力演習」の一環として、2日間にわたり、パナソニックリゾート大阪でアイディエーション・ワークショップを開催しました。
5つの班に分かれ4月から多くの時間を費やして討議、調査を行ってきた「戦略的システム思考力演習」の中間発表を行い、今までの成果を披露するとともに、多くの意見、アドバイスを最終報告に向けた糧としました。この2日間の経験が、履修生の将来にとって重要な一歩になったものと確信しています。

巻末付録

SiMS スタッフコラム

SiMSプログラムに関わるスタッフ2名によるコラムを紹介します。今回は松井先生からのキャリアパスについての考察と、酒井先生から前期授業を終えての所感です

セレンディピティーとキャリアパス

松井 利之 教授
大阪府立大学 21世紀科学研究機構
SiMSプログラム副コーディネーター

前期授業を終えて

酒井 俊彦 特認教授
元住友金属テクノロジー株社長
SiMSプログラムメンター

ノーベル物理学賞に3人の日本人研究者が選ばれ、日本の技術力や人材に世界の注目と期待が再び、と多少の期待を抱いている今日この頃。

こういった世の中を変えるような大きな研究成果の裏話として、セレンディピティーの逸話がついて回るのはよくある話。Wikipediaでなく広辞苑によるとセレンディピティーとは、「お伽話『セレンディップ(セイロン)の三王子』の主人公が持っていたところから、思わぬものを偶然に発見する能力。幸運を招きよせる力」とある。もちろん、この偶然をただ待っているようでは、セレンディピティーがあるはずもなく、偶然の中に価値を見出すための準備ができているかが重要なポイントとなるはず。

さて、博士課程教育リーディングプログラムがスタートを切って早くも半年。多様な教育カリキュラムに熱心に取り組む1期生の姿を見ていると、研究に対してのみならず、自らのキャリアに対しても将来必ず訪れる「思わぬ偶然」を、セレンディピティーに代えるための準備が着々となされているなと感じている。

就職や進学を真剣に考える時期にさしかかった皆さん。そのことだけを直接的に考えるだけでなく、自らのキャリアパスを拓くためにどういった準備が必要か、少し立ち止まって考える時間を作ってみてはどうですか。

リーディングプログラム(SiMS) 1期生のキックオフ(4月1日)からはや半年が過ぎました。SiMS必修科目の研究室ローテーションも始まり、所属と違う研究室で生き生きと勉強や実験をしている8人の学生からの週報を楽しく読んでいます。この半年間、SiMS学生は、専門外の授業を受けたり、専門分野の違う学生と多くの時間を過ごすことは刺激的であったと思います。私たちメンターも、自分達の子供より若い学生と議論できることはとても楽しい時間です。企業出身者の立場から見ると、この10年間で製造業の博士課程卒業者採用数は1.5倍ぐらいになっており、イノベーションの担い手としての期待が窺えますが、期待されるだけの学力と自ら提言できる力を備えておくことが必要です。SiMS学生には、英語の授業や研究室ローテーションの機会、システム思考やデザイン思考の演習など、溢れるほどの機会が与えられていますので、この環境を十分に生かして、ひとのひと素質を伸ばして欲しいと思います。来年4月には2期生が入ってきます。にぎやかになると共に忙しくなるでしょうが、SiMS学生のために精一杯努力していきたいと、私たちメンター一同張り切っています

大阪府立大学 × 大阪市立大学
リーダー養成学位プログラム **第2期生募集!**

博士課程教育リーディングプログラム シンポジウムスケジュール決定!

2014年12月5日(金) 13:00〜
《場　所》大阪市立大学 工学部大講義室
《プログラム》基調講演：パナソニック株フェロー　上野山雄氏
　　　　　　　講演：企業で活躍する工学研究科後期博士課程出身者
　　　　　　　パネルディスカッション　リーディングプログラムと博士への誘い

2014年12月9日(火) 13:00〜
《場　所》大阪府立大学 学術交流会館多目的ホール
《プログラム》基調講演：外部応援者
　　　　　　　講演：Prof. Tiwana(米国ジョージア大学)
　　　　　　　企業で活躍する若手博士
　　　　　　　酒井俊彦特認教授(プログラム担当委員)
　　　　　　　1期履修生

大阪府立大学
599-8531
大阪府堺市中区学園町1-1
A1棟2階 1206S室
TEL 072-254-7852 ダイヤルイン
FAX 072-254-8293
E-mail SiMS-office@ml.osakafu-u.ac.jp

大阪市立大学
558-8585
大阪市住吉区杉本3-3-138
大阪市立大学工学部
担当 金
TEL 06-6605-3087

連絡先：大阪府立大学 教育推進課リーディングプログラム支援室 SiMS事務局

詳しくはHPへ
http://sims-program.osakafu-u.ac.jp

227

巻末付録

リーディングシンポジウム開催報告

大阪市立大学SiMSシンポジウム2014
～博士への誘い～

2014年12月5日(金)に大阪市立大学リーディングプログラム・シンポジウムを開催しました。シンポジウムのテーマは「博士への誘い」とし、リーディングプログラムのみを対象とせず、大阪市大の学生にとって博士課程の魅力、今なぜ博士なのか、などについて広く考えるきっかけとなることを目指しました。

パナソニック株式会社フェローの上野山 雄氏に、「リーディングプログラムと博士学位取得者への期待」という題目で基調講演を行っていただきました。そして、本学工学研究科後期博士課程を修了し、現在、企業で活躍されている若手企業研究者を代表して、株式会社クラレ 大下 晋弥氏、京セラ株式会社 田中 勇氏、株式会社東芝 セミコンダクター＆ストレージ社 原田 康佑氏、パナソニックヘルスケア株式会社 福原 崇臣氏に、自身の体験談と後輩たちへのメッセージを熱く語ってもらいました。シンポジウムの最後に行った、全講演者による世話人とのパネルディスカッションでは、現役学生からも多くの質問があり、会場は大いに盛り上がりました。

シンポジウムに参加した学生からは、「自分にとっての興味・やりがいを見

つけ、研究に粘り強く取り組み続けることの重要性を改めて認識した。」、「今後、多くの企業で、博士号をもつ研究者であるからこそ活躍できる場がどんどん拡がっていることを実感できた。」というような感想が多く聞かれました。また、教員からは、「大学における博士人材教育の重要性を再認識するとともに、全力で教育・研究に取り組んでいく決意を新たにした。」という声も聞かれ、学生だけでなく、教員にとっても非常に有意義な場となったようです。大阪市立大学では、来年度以降もこのようなシンポジウムを開催する予定です。

「システム発想型物質科学リーダー養成学位プログラム」
シンポジウム2014 ～産業牽引型博士への誘い～ at 大阪府立大学

2014年12月9日(火)、大阪府立大学 中百舌鳥キャンパス 学術交流会館において、SiMSプログラムシンポジウムが開催されました。シンポジウムには、SiMSの履修生候補となる4回生、M1の学生を中心に、200名以上の学生が参加しました。

最初に本プログラムコーディネーターの辰巳砂昌弘教授から、開会の挨拶と本プログラムの紹介が行われました。

次に、本プログラムメンターの酒井 彦秀特認教授(元住友金属テクノロジー(株)社長)から、「企業が博士に期待するものとリーディング大学院の魅力」と題して、企業の視点からの博士への期待について講演がなされ、本プログラムの魅力については、多種多様な人材が、履修生一人一人に手厚い教育を行っていることだと力強く述べました。

続いて、海外における博士学位の位置づけと博士の活躍について、米国ジョージア大学の Amrit Tiwana 教授の講演が行われ、聴衆とコミュニ

ケーションをとりながら、新しい会社と新しい仕事を生み出す博士研究者の重要性について説明しました。

後半は、まず、大阪府立大学で博士学位を取得後、企業に就職した3名の若手企業研究者が講演しました。福島匠喬氏(株式会社デンソー勤務)は、研究分野が変わっても博士課程での経験は企業での仕事に生かされていることと、福原彩乃氏(日本ベーリンガーインゲルハイム株式会社勤務)は、夢をあきらめない気持ちの大切さと、その夢を成し遂げる手段として博士学位が有利に働いたこと、黒岩宏一氏(株式会社オリエントマイクロウェーブ勤務)は、自身の博士課程での大きな研究成果が企業への就職に繋がったことなど自身の経験談を語りました。

続いて、本プログラム第1期生から4名の履修生たち(今村 誓さん、岸本祐典さん、宮崎麻衣子さん、山下大喜さん)が、SiMSプログラムの履修を目指す後輩たちへのメッセージとして、自身の志望動機、本プログラムの各種

講義・演習の体験談、異分野交流の楽しさ等を紹介しました。また、現履修生全員が忙しくも非常に充実した日々をすごしている様子を熱く語りました。

その後、パネルディスカッション形式で質疑応答が行われ、会場から飛び出した様々な質問に講演者の方たちが答えました。

最後に、本プログラムの責任者である辻 洋副学長からの閉会の挨拶で、シンポジウムが終了しました。

シンポジウム後の情報交換会では、在学生と講演者間の交流が持たれ、講演者への個別質問や、活発な意見交換が行われました。

SiMS スタッフ＆第1期生コラム
Innovation

SiMSのスタッフの一員である長崎先生と第1期生として活躍している木下さんによるコラムを紹介します。

博士への誘い
～足の裏の米粒、されど～

長崎 健 教授
大阪市立大学大学院 工学研究科
化学生物系専攻

先日、大阪市立大学工学部において開催された本リーディングプログラムシンポジウム「博士への誘い」は、100名を越える学生が参加し大盛会であった。私自身も演者の熱く真剣な語りに二十数年前の自分を思い返したが、その主張でも、博士という学位そのものはたいした効力をもつものではなく、大切なのは本人の中身であるということが言及された。

2009年の日本企業研究者における博士号取得者の割合は4％でアイルランド・米・伊・台湾など多くの国と比べ低いそうだ。しかし、学会活動などで席を同じくする企業人の名刺をあらためて見返してみると、半数以上に博士の文字が見られる。「博士だから会社から「行ってこい」と言われているのだろうか」いや違うだろう。本人たちが高い志をもっているからだと推察する。

学位指導教員より「博士学位は足の裏についた「米粒と一緒だ」と言われた記憶がある。「取らなければ気持ち悪いが、取ったところで喰えない」と。されど、「博士」は高い志を有して、自分磨きを行った印である。自分磨きに注力した経験を周りは評価し、活躍する環境が用意されるのであろう。

高い志を有し、自分をもっと磨いてみたいと思う諸君！迷うことは無い、優れた企業経験を有する強力メンターをはじめ、通常の大学院教育では得ることのできない仕組みが豊富な本プログラムに挑み、自分を磨いてみてはいかがですか?!

私がSiMSを選んだ訳

木下 岳
（大阪市立大学大学院 工学研究科
電子・物理系専攻）

M1の秋、周りの友人が就職活動を前にして各々に思い悩む中、私も同じように悩みを抱えていました。私の悩みを一言であらわすなら「就職」するか「進学」するかというものでした。研究自体が好きだったこともあり、心のどこかに進学したい気持ちもあったものの、その一方で9割は就職していく中で、そのレールから外れた路線を選んでいくことにたいしての、将来の不安は当然大きかったです。このような状況の中で考えたことは、例えば就職先が倒産したり、或いはリストラされた時に、自分に何ができるかということでした。結論を立て直し、新たな道を切り拓いていく力がなければ、就職してもうまくいかないと考えるようになり、学生の間にその強さを身につけるために進学を選びました。私にとって博士後期課程に進学することとSiMSを受験することはほとんど同じ意味を持っていました。なぜなら現在の博士後期課程の学生に限らず、履修生が掲げるリーターンシップが少なからず社会から求められると考えているからです。私はこの能力を養成するための、また自らのキャリアパスをデザインしていく上での強力なツールとしてSiMSを選びました。

イノベーションとベンチャーの聖地を訪問

グローバルに羽ばたくキャリアプラン作成に備えてSiMS履修生7名が11月から12月にかけて世界有数の米国西海岸のシリコンバレーを中心に現地の大学や研究機関、ベンチャー企業などを訪問した。

SiMSプログラムでは、3年次に海外留学や海外企業へのインターンシップが組まれており、今回はSiMS1年次の履修生がその準備として、日本と大きく研究環境の異なる米国を訪問し、現地の学生や研究者と交流した。

主な訪問先は、カリフォルニア大学(UC)バークレー校、スタンフォード研究所(SRI)、シリコンバレーのベンチャー支援会社Plug and Play、グローバルに事業展開するソフトウェア企業Gupta Technology、パナソニック米国研究所など。

UCバークレーでは、博士課程在学中の大学院生と懇談し米国流ドクターコースのキャリア形成について興味深く聞き入った。ベンチャー支援会社PnP(Plug and Play)では自らの夢を実現するために世界から集まる若手起業家の逞しい個性と異分野同士のネットワーキング(人脈開拓)への積極姿勢に強い刺激を受けた。

またアップルやフェイスブックなど現在の世界を牽引するIT企業の本社なども間近に見て周り、イノベーションの聖地シリコンバレーの空気に直接触れる良い機会となった。

今回を通して引率者は、日本との朝礼環境の違いを実感しつつも、変化の速い米国のベンチャー企業やイノベーションの現場を見て、今後のキャリアプランにグローバルな視点の重要性を強く実感した。

リーディングプログラム支援室 **北出谷 叔宏**

巻末付録

大阪府立大学 × 大阪市立大学　リーダー養成学位プログラム

目指せ! 産業を牽引する
グローバル研究リーダー

自分の研究で世界を変えたい！
そんな夢を持つ人は是非チャレンジしてください。

産業界では今、イノベーションを起こし、グローバルリーダーシップを発揮する博士研究者が強く求められています。
大阪府立大学・大阪市立大学では、このような人材育成を大学院5年一貫プログラムで特段に強化する 博士課程教育リーディングプログラム を推進しています。

高橋　哲也
SIMSプログラム責任者
大阪府立大学　学長補佐(教授)

Q システム発想型?

A. このプログラムの特色を表す最も大事なキーワードです。世界の多くの人に受け入れられる全く新しい価値を創り出し、産業を牽引する。そのためには、複雑な物事を全体で見ることができる「システム的な思考」が重要になります。

Q 産業を牽引するグローバル研究リーダーってなに?

A. 専門分野だけでなく、広い視野と産業を創り出す意欲を持って、新しい発想を世界に発信する。そしてそれを実現できる力を持つ博士のことです。

Q 将来はどこで活躍するか?

A. 大手企業やベンチャーなど産業界で活躍することが期待されています。世界を豊かにするため、イノベーションを起こすことが出来る博士研究者が企業で求められています。

新しいリーダー像への挑戦!　産業界は「もの」づくりから「こと」づくりへ

「システム発想型」物質科学リーダー

接続するメリットは?

120万円
240万円

博士グローバル研究リーダーへの道

233

SiMS 特色あるカリキュラム *Innovation*

SiMSでは、産業界を牽引するグローバルリーダーを養成するため、5年一貫の教育を行っています。
ここでは、履修生が1〜2年目に履修する特色のある演習・研究科目を紹介します。
その他の科目や詳細については、ホームページ等をご覧ください。

● 戦略的システム思考力演習

**SiMSの要！ 実践型演習により
産業界のリーダーとなるべく素養を身につけよう！**

今、産業界では、ものごとを俯瞰的に見る「システム思考力」と新しい発想を創造する「デザイン思考力」、それらを具現化する「マネジメント力」を持つ産業界のリーダーが必要とされています。本演習では、4〜5名をグループとするクラス分けを行い、グループ型討論や合宿型ワークショップで異分野の学生との交流をはかります。また、産業界のスペシャリストやリーダー達を交えて、産業界で活躍するリーダーとしての素養を醸成する教育を行っています。写真は、グループワークの様子です。

● グローバルコミュニケーション演習

**国際人としての感覚を磨き
英語で自由に思考し議論しよう！**

世界を相手にグローバルに活躍するリーダーになるためには、英語による発想力と伝達力が必要不可欠です。SiMSでは、外部講師による3時間×10週にわたる英語レベルに応じたクラス別の英語トレーニングに加え、e-Learningシステムにより外国語（英語に限りません）の基礎を学ぶこともできます。また、写真のように英語環境に慣れるために多彩な招聘外国人によるグローバルセミナーを実施しています。

● SiMS特別研究（研究室ローテーション）

**他の分野の研究を経験し自身の知識や
発想の幅をもっと広げよう！**

これからの研究者は、自分の研究分野だけでなく、異分野に積極的に目を向け、多角的な視点から新しい価値を創造できる力が求められています。SiMSでは、3ヶ月間、自身の専門と異なる研究室で指導を受ける、研究室ローテーションを行っています。現在、府大と市大を合わせて、様々な分野の約50研究室が受入先となって協力しています。例えば写真は、府大の画像処理関係を研究している履修生が、市大の自立走行型ロボットのプロジェクトに参加している様子です。

巻末付録

表紙紹介

セルフバイタルマネジメントデバイスの研究開発

私たちはこのリーディングプログラムを通して、システム思考、デザイン思考、マネジメント思考を学んできました。その過程で、自分たちでも何か「こと」を作り上げたいと思うようになりました。そこで、以前からヘルスケア分野に対して興味を持っていた3人が集まり、まったく新しいヘルスケアデバイス・システムの構築を目標とし、日々研究を進めています。具体的には、誰もが自分のバイタルデータを簡単に管理できるデバイスを開発し、これによって病気を未然に防ぐことができるようなシステムを考えています。

これまで、私たちはヘルスケア分野の現状把握のため、既存のデバイスの分解・解析とニーズの調査を行ってきました。現在は、その結果をもとに、新たなヘルスケアデバイスのプロトタイプを作るべく、アイディエーションを進めているところです。今年度中には、ワークショップなどの場で発表したいと考えています。

藤井 洋輔　大阪府立大学大学院 [工学研究科 電子・数物系専攻] M2
前野 健一　大阪府立大学大学院 [工学研究科 物質・化学系専攻] M2
宮崎 麻衣子　大阪府立大学大学院 [工学研究科 物質・化学系専攻] M2

リーディングプログラム 第2期履修生名簿

荒牧 正明	大阪府立大学大学院	[工学研究科 電子・数物系専攻]
太田 康	大阪市立大学大学院	[工学研究科 電子情報系専攻]
乙山 美紗恵	大阪府立大学大学院	[工学研究科 物質・化学系専攻]
小谷 厚博	大阪府立大学大学院	[工学研究科 物質・化学系専攻]
後藤 佑太朗	大阪府立大学大学院	[工学研究科 電子・数物系専攻]
清水 克哉	大阪市立大学大学院	[工学研究科 化学生物系専攻]
末永 悠	大阪府立大学大学院	[工学研究科 電子・数物系専攻]
住岡 隆裕	大阪府立大学大学院	[工学研究科 電子情報系専攻]
大安 晃	大阪府立大学大学院	[工学研究科 物質・化学系専攻]
翟 博偉	大阪府立大学大学院	[工学研究科 電気・情報系専攻]
長野 将吾	大阪府立大学大学院	[工学研究科 機械系専攻]
萩原 宏幸	大阪市立大学大学院	[工学研究科 機械物理系専攻]
橋本 拓弥	大阪府立大学大学院	[工学研究科 物質・化学系専攻]
Pham Kim Oanh	大阪府立大学大学院	[工学研究科 物質・化学系専攻]
保科 政幸	大阪府立大学大学院	[工学研究科 電子・数物系専攻]
松下 裕司	大阪府立大学大学院	[工学研究科 電子・数物系専攻]
尤 曉東	大阪府立大学大学院	[生命環境科学研究科 応用生命科学専攻]

EVENT 第2期生オリエンテーション開催

2015年4月1日、第2期生のオリエンテーションを開催しました。プログラムコーディネーターより、本年度採用された第2期履修生の紹介があり、その後自己決意表明を行いました。緊張の中、ユーモアをまじえながら話す学生もおり、会場の微笑みを誘っていました。

受講申請の説明、グローバルコミュニケーション演習の内容説明の後、会場を講義室に移し、まもなく開講する「戦略的システム思考演習」のグループ演習を1期生、2期生合同で行い、2期生にとっては初めての「こと」つくり(value creation)の基本概念を学びました。

大阪府立大学
〒599-8531
大阪府堺市中区学園町1-1
A1棟2階 1206S室
TEL: 072-254-7852 (ダイヤルイン)
FAX: 072-254-8293
E-mail: SiMS-office@ml.osakafu-u.ac.jp

大阪市立大学
〒558-8585
大阪市住吉区杉本3-3-138
大阪市立大学工学部
担当：金
TEL: 06-6605-3087

連絡先　大阪府立大学
教育推進課リーディングプログラム支援室(SiMS事務局)

詳しくはHPへ
http://sims-program.osakafu-u.ac.jp

235

システム発想型物質科学リーダー養成学位プログラム

SiMS News Letter 2015 vol.6
System-inspired Leaders in Material Science

大阪府立大学 大阪市立大学

樽見 和明 氏 寄稿
「博士課程を修了すること」

石原 一 教授
「世界で活躍する博士リーダーへと期待される人たち」

大阪府立大学 × 大阪市立大学

巻末付録

博士課程を修了すること

樽見　和明氏
ドイツメルク（Merck KGaA）液晶事業部研究所　参与

去る5月に大阪府立大学で講演していただいた際には学生に大変刺激を与えてくださいました。
ドイツの大手化学製薬会社メルクで長年にわたり活躍され、高名ドイツ未来賞の受賞歴もある樽見和明氏が
本ニュースレターの読者に向け執筆してくださいました。

日本の大学を卒業して35年が経過しました。そのほとんどをドイツの大学と企業の研究所で過ごしました。その経験を簡単にまとめてご紹介したいと思います。それが皆様のこれからの将来を考える何らかの助けになればと願っております。

日本の大学で理論物理学の修士課程を修了してドイツの政府交換留学生としてドイツの大学へ留学し、ある理論物理の研究室に席を置きました。周りの学生の方々のほとんどが博士課程の方、それを修了した方でした。週に一回教授をまじえた集まりがあり、要求される事は与えられたテーマについての論文をいくつか読破し、それをもとに各自の考えたことを皆に説明することです。大切なことは読んだ論文の中身を紹介するのではなく、それを基にして自分なら何を考えるか、その次のステップとして研究者なら何を提案するか、を説明する事です。その集まりでは、それを叩き台として討論が始まります。ドイツ人は討論好きだと言われますが、特に白黒がはっきりする物理学ですので、その討論はそれこそ徹底的でした。日本の大学での修士課程までは与えられたテーマの中身を理解するという受け身の態度でしかなかった自分の不備を思い知らされました。

ドイツでの博士課程の経験は、研究者として一番大切なこと、つまり既知の知識を咀嚼し、自分のものにし、それを基にして知られていない新しい革新的なアイデアに繋げるというプロセスを教えてもらったことだと思います。参加した初めのころは言葉の問題もあり、自分の番になり話し始めたものの、他の学生からの質問さえ分からず立ち往生でした

が、しばらくすると何とか討論にも参加出来るようになり、その内先生にもなるほどねーと時々ですが言われるようになりました。このドイツにおける博士課程での経験は、研究者としてなら当然の基礎体力を付けるのに役立ちました。

博士課程を修了した後大学や企業の研究所で仕事をしましたが、海外で色々な方々に接していてまず尋ねられる事は、「あなたは何の専門家ですか？」という質問です。これは、英語で言うQualificationです。日本で頻繁に尋ねられる「どこの大学出身ですか」とは異なります。要するに、「あなたは大学に行って何を勉強して、どのような専門家として卒業されたのですか？」と質問されている訳です。私の名刺には「Doctor rerum naturalium」と書いてありますが、これはラテン語で、英語のPhDと同じです。これを受け取った方は、なるほど、この人は大学で自然科学を専攻し、その専門家として公に認められるところまで修了した人か、と信用してくれるわけです。

大学の博士課程で専攻したテーマの専門知識がそのまま活かせることは稀ですが、博士課程で得られた経験、即ち与えられたテーマについて、それを理解し解析し、自分の頭でそれを基に考え、あらたな革新的なアイデアに発展させるプロセスを勉強できたことは、私にとって最大の財産になりました。これは研究者に要求されるのみならず、どの分野で仕事をするにも役立つ事です。修士課程まででそれが経験出来ることは非常にまれだと思います。これから世に出る若い方々にも、私の経験から是非博士課程に進まれることをお勧めします。今しか出来ないすばらしい経験が得られることと信じます。

世界で活躍する博士リーダーへと期待される人たち

システム発想型物質科学リーダー養成学位プログラム
Graduate Course for System-inspired Leaders in Material Science SiMS

工学研究科　SiMS副コーディネーター
石原　一　教授

　科学や技術に革新が起これば、産業が刷新されるだけでなく、ビジネスから人々の生活までが全く新しいものになります。スマートフォンやLINEなど、皆さん子供の頃にはなかった色々な「もの」や「こと」を使いこなす中で、皆さん自身がそのことを、身をもって体験していると思います。おそらく、皆さんが社会の中核で活躍する頃には、今はまだ想像もできないような新しい「もの」や「こと」が出現し、生活はもっと違うものになっているでしょう。

　革新的な「もの」や「こと」を創り出すのは、世界中にいる優秀な研究者や企業人達です。彼らはグローバル化、情報化が進む中で、自分たちの専門分野の枠を越えて、考えているもののシステム全体、またその本質を的確に捉えて課題を解決し、これまでの「もの」や「こと」を単に改善や改良するだけでなく、産業や生活を変えてしまう、革新的な価値が創出できる人たちです。一方、日本では、このような人材が他の先進国に比べてまだまだ不足し、その育成が求められています。

　では、誰がそのような人材となることを期待されているのでしょうか？実は、大阪府立大学・大阪市立大学の学生である皆さんこそが、世の中に革新的な価値をもたらす人材として活躍することが期待されているのです。え、自分が？と思うかも知れませんが、選りすぐられた教育研究拠点だけが認められる文部科学省の「博士課程教育リーディングプログラム」に大阪府立大・大阪市立大共同プログラムが選ばれていることからも、これが国を挙げての期待であることが分かります。本学が採択された物質研究者養成のカテゴリーでは北大、東北大、東大、阪大、大阪府立大・大阪市立大（共同）、九大の6機関のみが選ばれています。

　リーディングプログラムでは世界で活躍できる「博士」研究者を育成します。欧米企業の研究者は「博士」であることがスタンダードです。このプログラムではグローバル化時代に世界で通用する研究者のパスポートといえる「博士学位」を持つ研究者を修士・博士5年一貫のプログラムで育成します。さらに府大・市大版プログラムには他にない重要な狙いがあります。それはプログラム名「システム発想型物質科学リーダー養成学位プログラム（Graduate Course for System-inspired Leaders in Material Science：SiMSプログラム）」にも現れているように、複雑な問題の全体を「システム」として見ることができ、それに基づいて新しい価値を「デザイン」できる、いま、まさに産業界で求められる高度研究リーダーを育てる独自カリキュラムを、産業界出身の教員と共同で運営している点です。プログラムのさらに詳しい内容については、下に記載したHPでご覧下さい。

　本プログラムでは既に一期生21名、二期生17名がグローバルリーダーを目指して日々研鑽しています。皆さんも将来、自分自身がリーダーとなって活躍している姿を想像してみて下さい。それが本当に実現することをめざして自らを高めていく、この素晴らしい体験を、いま皆さんが学んでいるこの大阪府立大学・大阪市立大学で、一歩、踏み出してみることによって始まるのです。

巻末付録

表紙紹介

SiMSはひとつ

システム発想型物質科学リーダー養成学位プログラム（SiMS）には、大阪府立大学・大阪市立大学の工学研究科、生命環境科学研究科、理学系研究科の学生が参加しています。

研究室で自分の専門分野の研究のみを行っているだけでは出会うことがなかったかもしれない異分野の人たちと一緒に、将来のグローバルリーダーを目指して日々勉学に研究に励んでいます。この出会いを通じて、授業や演習でディスカッションをすることにより互いの専門分野をマッチングさせた共同テーマが見つかり、新たな研究が始まることがあります。

SiMSが引き合わせた縁。異なる頭脳と頭脳を掛け合わせて新しい頭脳が生まれようとしています。

研究室ローテーションを終えて

研究内容を異なる視線から議論

私は、SiMS特別研究（研究室ローテーション）で九州大学大学院工学研究院の三浦研究室に伺い、RAFT重合を用いた糖鎖構造の精密制御について3か月間研究を行いました。

研究室に行ってまず思ったことは、研究室が違えば文化が違う、ということでした。実験をする上で何を重要視するのか、そのためにはどのように実験器具や溶媒を扱うのかなど、同じ化学であっても想像以上に着目する観点が違う、というのを肌で感じました。そのため、実験操作や知識などをB4学生に混じって一から勉強しつつ、研究を進めました。研究生活に慣れてくると、考え方などでどこが異なるのかお互いわかってくるので、

研究内容などについて異なる視点から議論できるようになり、お互い良い刺激になったのではないかと思います。

最後に、府大に戻ってきてから、自分が所属する研究室のことや研究について、今までとは少し違った点から見ることができるようになったと思います。研究内容だけでなく、研究の進め方や考え方、取り組む姿勢などもそれぞれ異なるスタンスがあることを、学生のうちに研究生活という形で学べたことは、とても大きな収穫でした。

宮崎 麻衣子
大阪府立大学大学院 工学研究科
物質・化学系専攻 M2

SiMS Café オープン
〜現役履修生による相談会〜

コーヒーを飲みながら
履修生に聞いてみよう！

- SiMSって何？
- どんなことを学ぶの？
- どんな学生がいるの？
- 就職に不安は？

開店時間	毎週月曜日5コマ ＆ 木曜日1コマ
場　所	A1棟2階 1206S室（SiMS事務局）
対　象	SiMSや博士進学に興味を持つ大学生・大学院生

大阪府立大学
〒599-8531
大阪府堺市中区学園町1-1
A1棟2階 1206S室
TEL：072-254-7852（ダイヤルイン）
FAX：072-254-8293
E-mail：SiMS-office@ml.osakafu-u.ac.jp

大阪市立大学
〒558-8585
大阪市住吉区杉本3-3-138
大阪市立大学工学部
担当：森
TEL：06-6605-3087

連絡先 大阪府立大学
教育推進課リーディングプログラム支援室（SiMS事務局）

巻末付録

大阪府立大学にて
キャリアデザインセミナーを開催

平成27年11月13日(金)に開催された、第1回キャリアデザインセミナー「ライフプランから考える理系学生のための就職・進学セミナー」に続いて、12月8日(火)に「博士(ドクター)は君の未来を変える!?」と題して、第2回キャリアデザインセミナーを開催しました。

第1部では、産学協同高度人材育成センター・プログラム統括の松田元伸氏が、博士人材が求められている背景や現状、産業界へのキャリアパスとなる大阪府立大学の博士人材教育の取組みについて講演を行いました。また、実際に産業界で博士研究者として活躍されている、大阪府立大学若手OBの竹内寛久氏(武田薬品工業株式会社製剤技術研究所勤務)に、自身の経験について語っていただき、「0から1を作り出すのが博士人材だ」と、力強く後輩達にメッセージを残しました。

第2部では、リーディングプログラム(SiMS)の紹介の後、SiMSメンターの藤田正明特認教授から、「リーディングプログラムへの誘い:グローバルリーダーを目指して、企業が求める博士人材、企業が博士に期待するもの」と題して、SiMSでのグローバルな博士研究リーダー人材を育成する取組

みについて講演が行われました。最後に、2名のSiMS現役履修生が、SiMSを選択する過程での経験談、プログラム履修の様子、自身の将来の目標などを紹介しました。

セミナーに参加した学生からは、「博士卒の学生が、必ず社会に必要な存在であると感じた。」、「これまで、博士進学については不安が多かったが、前向きに考えるようになった。」、「今、企業が博士人材を求めているとは知らなかった。」、「博士になって世界で認められたい」などの意見も寄せられ、学生にとって、博士進学が重要なキャリアパスのひとつとして認識されるようになったのではないかと感じました。

大阪市立大学リーディングプログラム・
シンポジウム2015 〜博士への誘い〜

平成27年12月18日(金)に大阪市立大学リーディングプログラム・シンポジウムを開催しました。シンポジウムのテーマは「博士への誘い」とし、リーディングプログラムのみを対象とせず、大阪市立大学の学生にとって博士課程の魅力、今なぜ博士なのか、などについて広く考えるきっかけとなることを目指しました。

三生医薬株式会社 代表取締役会長兼CEOの松村 誠一郎氏に、「日本発グローバルリーダー育成 産業界からの期待」という題目で基調講演を行っていただきました。そして、大阪市立大学工学研究科後期博士課程を修了し、現在、企業で活躍されている若手企業研究者を代表して、3名の方に自身の体験談と後輩たちへのメッセージを熱く語ってもらいました。シンポジウムの最後には、全講演者とシンポジウム世話人によるパネルディスカッションを行い、現役学生やリーディングプログラム履修生から多くの質問がありました。パネラーの皆さんはどんな質問にも丁寧に答えてくださり、会場は大いに盛り上がりました。

シンポジウムに参加した学生からは、「今後の研究・開発において異分野融合が非常に重要であることを認識した。」、

「自分にとっての興味・やりがいを見つけ、研究に粘り強く取り組み続けることの重要性を改めて認識した。」、「博士号をもつ研究者であるからこそ活躍できる場がどんどん拡がっていることを実感できた。」というような感想が多く聞かれただけでなく、自身のキャリアパスを考える大きなきっかけにもなったようです。また、教員からも、「大学における博士人材教育がますます重要になると再認識した。」、「今回講演してくれた卒業生のような優れた人材を社会に輩出するために、全力で教育・研究に取り組んでいく決意を新たにした。」という声も聞かれ、学生だけでなく、教員にとっても非常に有意義な場となったようです。

履修生コラム

SiMSの5年、イノベ（innovation）の種まき

3年次生の時、ふと、大学院進学を含めた自分の進路について考える事がありました。その時、「ものづくりがしたい」、「人の役に立ちたい」と工学部に入学したものの、具体的にやりたいことが見つからずモヤモヤしている自分に気づきました。いろいろと悩んだ結果、まずは自分のキャリアプランをしっかりと考え、実行できる素養が必要だと思うようになりました。そこで、私は、社会で活躍するための経験を積むことが出来、キャリアの幅を広げる素養を培う場としてSiMSで学ぶことを決意しました。また、経済的な支援が受けられることも魅力のひとつでした。SiMSには技術ベースの「ことづくり発想」を学ぶための戦略的システム演習があります。演習を通して研究を社会に役立てようとする使命感がより刺激されるだけでなく、異分野の人とのコミュニケーション、アイディエーションが楽しく、研究がさらに面白くなりました。今後は自身の発想を発表する場として、アイディエーションワークショップ（i-WS）にも挑戦し、産業界にイノベーションを興したいと思います。

萩原　宏幸
大阪市立大学大学院　工学研究科
機械物理系専攻　SiMS第2期生　M1

メンタリングシステムがSiMSの大きな魅力

SiMSを知る前の自分は、自分の将来の選択肢にどのようなものがあるのか、自分はなぜ大学院に進んだのか、あやふやな状態にありました。そんな状況で、今の自分に満足していないことに気づき、不安になりました。その頃に知ったのがSiMSでした。SiMSの説明を最初に聞いたときは正直なところ他人事だと思っており、話が頭に入りませんでしたが、何度か聞いていくうちに、SiMSでは、自分の足りないところを補えるのではないかと期待を持つようになりました。自分が、普通に修士卒で就職することと、SiMSに進むことを比較し、最終的にSiMSに決めることになった大きな要因は、メンタリングシステムの存在でした。SiMSでは企業出身のメンターの進路指導や修学指導などの支援を受けながらドクターを目指せることから、私は安心してSiMSで学ぶことを選択することができました。最後に、SiMSという選択肢を真面目に考えてみることは、自分の本来の姿に気づくことが出来るチャンスだったと今でも思っています。

太田　康
大阪市立大学大学院　工学研究科
電子情報系専攻　SiMS第2期生　M1

SiMSで自分の視野を広げたい

私は、修士で修了するか、博士後期課程に進学するか非常に悩んでいました。修士で修了して社会で働くのは楽しそう、でも博士に対して憧れもある。そんな風に考えていました。当時の進学に対する一番のネックは、人と交流する機会が減り、自分の世界に閉じこもってしまうのではないかという不安です。研究は基本的に同じ場所で行い、一日の大半の時間を使います、限られた世界で暮らしているような気がして、博士進学を選択することができませんでした。しかし、SiMSは広い世界を知る機会が多いことを知り、応募締め切り直前にSiMSへの参加を決心しました。SiMSでは自身の分野だけでなく、異分野に対しても勉強する機会がたくさんあります。また、後期課程に進む学生との交流や、社会で活躍されていたメンターの方々との面談、外国の大学生と特別講義を受けることもあります。9ヶ月間を過ごし、ほんの少し視野が広がった気がします。

荒牧　正明
大阪府立大学大学院　工学研究科
電子・数物系専攻　SiMS第2期生　M2

「第一回 産業牽引研究人材育成フォーラム」を開催

産業界で活躍する博士リーダーを育成する本プログラムでは、今後、履修生の就職やインターンシップ、教育等で連携を深めるべく、企業の方々と第一回目の意見交換会を開催しました。企業からは研究開発責任者や人事責任者を中心に9社13名の方が参加されました。

フォーラムでは、大阪府立大学の辻学長から、本プログラムに対する大学の意気込みが述べられた後、本プログラムの主旨や育成する博士人材像の説明が行われました。その後のQ&Aや意見交換会では、参加企業側からは途切れること無く、本プログラムに関する質問や、今、企業が求めている博士人材に関する意見が続出し、本プログラム履修生に高い期待が寄せられていることが実感できました。

本フォーラムで、将来、履修生が活躍する場の開拓・提供のための幸先の良い第一歩を踏み出すことが出来たと思います。今後、さらに多種多様な業種の企業との連携を深めていく予定で、履修生を交えた交流も行って行きたいと考えています。

参加企業（五十音順）

関西電力(株)、　コニカミノルタ(株)、　(株)島津製作所、　新日鐵住金(株)、　住友電気工業(株)、
東レ(株)、　パナソニック(株)、　(株)日立製作所、　三菱電機(株)

巻末付録

表紙紹介　SiMS第2期生

SiMSは大阪府立大学と大阪市立大学共同の5年一貫のプログラムです。互いに切磋琢磨しながら5年間を共にする17名がSiMS第2期履修生として参加しています。今回は、その中から、大阪府立大学、大阪市立大学、女性、留学生の各代表者4名に集まってもらい撮影しました。国際舞台でリーダーシップを発揮する、そんな夢を追求する履修生たちです。

乙山 美紗恵
大阪府立大学大学院
工学研究科
物質・化学系専攻（M1）

住岡 隆裕
大阪市立大学大学院
工学研究科
電子情報系専攻（M1）

ファン・キム・オアン
大阪府立大学大学院
工学研究科
物質・化学系専攻（M1）

大安 晃
大阪府立大学大学院
工学研究科
物質・化学系専攻（M1）

研究室ローテーションを終えて
異分野の研究室で得られた大きな財産

今村 尚
大阪府立大学大学院 生命環境科学研究科
応用生命科学専攻（SiMS第1期生 M2）

私は北海道大学大学院薬学研究院の周東研究室で有機化学の技術と創薬についての知識を学びました。出発前は、研究室で孤立しないか、初めて本格的に学ぶ有機化学で何もわからないまま終えてしまわないかなど不安だらけでした。しかし、初日に学生主体で歓迎会を催して頂いたおかげで早々に研究室に馴染むことができました。また、実験に関しても同様のテーマを持つ学生と博士課程の学生を相談役にご紹介して頂き、とてもスムーズに取り組むことができました。
そんな中で普段行っている生物系と有機化学系の差異を最も感じたのは研究の結果の得られ方でした。分野にもよりますが、生物系は結果が"データ"として得られ、それを基に議論を行います。それに対し、有機化学系はある目的化合物の全合成や新たな反応系の開発がメインとなり、実際に"モノ"として結果が得られます。毎日新しく化合物を作っていく過程はとても充実感があり、楽しんで実験を行うことができました。
実験以外にも創薬セミナーなどの薬学系特有の講習を受講する機会にも恵まれ、そこで創薬についての知識、特に薬物動態や低分子デザインの基礎知識を得ることができました。
今回のローテーションで得た有機化学の技術や知識、人脈は今後私にとって大きな財産になると思います。このような機会を作って頂いた先生方やSiMS支援室の皆様、また周東研の皆様に心より感謝致します。

リーディングプログラム 個別相談会 開催中
求む！産業界を牽引するグローバル博士研究リーダーを目指す学生

開催期間	2015年12月～2016年2月
時　間	10:00～17:00　随時受付中
場　所	リーディングプログラム支援室（A1棟2階1206S室）
対象者	●本プログラムを履修したい学生　●少しでも興味がある学生 ●詳細な説明を聞きたい学生　●博士（ドクター）進学等、進路に悩みを抱えている学生、等々

まずは、リーディング支援室にご連絡ください。経験豊富な企業出身メンバーが個別に対応します

📞 **072-254-7852**（学内内線：3075）　　✉ **SiMS-program@ml.osakafu-u.ac.jp**

リーディングプログラム 第3期生 募集！

応募するか迷っている、SiMSについて疑問がある、そんな方はぜひ個別相談会にお越しください。リーディングプログラム支援室では、メンターがあなたをお待ちしています。

出願期間	2016年2月17日(水)～19日(金)
選考試験	2016年2月27日(土)・28日(日)
合格発表	2016年3月11日(金)

大阪府立大学
〒599-8531
大阪府堺市中区学園町1-1
A1棟2階 1206S室
TEL：072-254-7852（ダイヤルイン）
FAX：072-254-8293
E-mail：SiMS-office@ml.osakafu-u.ac.jp

大阪市立大学
〒558-8585
大阪市住吉区杉本3-3-138
大阪市立大学工学部
担当：金
TEL：06-6605-3087

連絡先　大阪府立大学
教育推進課リーディングプログラム支援室（SiMS事務局）

243

【執筆者一覧】

辻　洋（つじ　ひろし）
　　大阪府立大学 理事長・学長…………はじめに

荒川　哲男（あらかわ　てつお）
　　大阪市立大学 理事長・学長…………はじめに

高橋　哲也（たかはし　てつや）
　　大阪府立大学 副学長 教授…………第9章・おわりに

辰巳砂　昌弘（たつみさご　まさひろ）
　　大阪府立大学大学院 工学研究科研究科長 教授…………第2章コラム

石原　一（いしはら　はじめ）
　　大阪府立大学大学院 工学研究科 教授…………第4章コラム

藤村　紀文（ふじむら　のりふみ）
　　大阪府立大学大学院 工学研究科 教授…………第6章コラム

松井　利之（まつい　としゆき）
　　大阪府立大学 高等教育推進機構 高度人材育成センター所長 教授…………第5章コラム

乾　隆（いぬい　たかし）
　　大阪府立大学大学院 生命環境科学研究科 教授…………第3章コラム

中山　正昭（なかやま　まさあき）
　　大阪市立大学大学院 工学研究科 教授…………第7章コラム

芦田　淳（あしだ　あつし）
　　大阪府立大学 高等教育推進機構 高度人材育成センター 教授…………第5章

沈　用球（シム　ヨング）
　　大阪府立大学 高等教育推進機構 高度人材育成センター 准教授…………第5章

酒井　俊彦（さかい　としひこ）
　　大阪府立大学 高等教育機構 高度人材育成センター 特認教授
　　　　　　　　　　…………第1章・第2章・第3章・第4章・第6章

藤田　正明（ふじた　まさあき）
　　大阪府立大学 高等教育推進機構 高度人材育成センター 特認教授…………第4章

河北　哲郎（かわきた　てつお）
　　大阪府立大学 高等教育推進機構 高度人材育成センター 特認教授
　　　　　　　　　　…………第2章・第7章・第8章・第9章

OMUPの由来

大阪公立大学共同出版会(略称OMUP)は新たな千年紀のスタートとともに大阪南部に位置する5公立大学、すなわち大阪市立大学、大阪府立大学、大阪女子大学、大阪府立看護大学ならびに大阪府立看護大学医療技術短期大学部を構成する教授を中心に設立された学術出版会である。なお府立関係の大学は2005年4月に統合され、本出版会も大阪市立、大阪府立両大学から構成されることになった。また、2006年からは特定非営利活動法人(NPO)として活動している。

Osaka Municipal Universities Press(OMUP)was established in new millennium as an association for academic publications by professors of five municipal universities, namely Osaka City University, Osaka Prefecture University, Osaka Women's University, Osaka Prefectural College of Nursing and Osaka Prefectural College of Health Sciences that all located in southern part of Osaka. Above prefectural Universities united into OPU on April in 2005. Therefore OMUP is consisted of two Universities, OCU and OPU. OMUP has been renovated to be a non-profit organization in Japan since 2006.

大学院教育改革を目指したリーディングプログラム
産業界をリードする大学院生の育成

2019年3月29日　初版第1刷発行

　　編著者　　河北　哲郎・酒井　俊彦

　　編　集　　大阪府立大学・大阪市立大学博士課程教育リーディングプログラム
　　　　　　　「システム発想型物質科学リーダー養成学位プログラム」

　　発行者　　足立　泰二

　　発行所　　大阪公立大学共同出版会（OMUP）
　　　　　　　〒599-8531　大阪府堺市中区学園町1-1
　　　　　　　大阪府立大学内
　　　　　　　TEL　072(251)6533　FAX　072(254)9539

　　印刷所　　和泉出版印刷株式会社

©2019 by Tetsuo Kawakita, Toshihiko Sakai, Printed in Japan
ISBN978-4-907209-99-5